[redacted]

CODE
DES MARCHÉS PUBLICS

Textes mis à jour au 22 décembre 2008

ISBN 978-2-11-076472-0

ISSN 0767-4538

Avis aux lecteurs

La présente publication, dont le texte consolidé est identique à celui diffusé sur le site Legifrance, comprend le texte intégral du code en vigueur à la date indiquée en début d'ouvrage.

Cette édition ne cite pas les articles abrogés. En raison de ce choix éditorial, la numérotation des articles peut être discontinue.

Les dates d'éventuelles modifications intervenues après la publication sont accessibles sur le site http://www.legifrance.gouv.fr, à partir de la page d'accueil, rubrique « Les codes en vigueur ».

La « Recherche experte des codes et textes consolidés » dans la rubrique « Les codes en vigueur » du site Legifrance permet aussi de retrouver les versions antérieures ou abrogées des articles de la présente édition.

TEXTE DE CODIFICATION

Décret n° 2006-975 du 1er août 2006 portant code des marchés publics

Vous pouvez retrouver la version intégrale des textes législatifs et réglementaires sur le site http://www.legifrance.gouv.fr

SOMMAIRE

Pages

Table analytique

TABLE ANALYTIQUE

PREMIÈRE PARTIE. – DISPOSITIONS APPLICABLES AUX POUVOIRS ADJUDICATEURS

QUATRIÈME PARTIE. – DISPOSITIONS APPLICABLES AUX COLLECTIVITÉS D'OUTRE-MER

Première partie :

Dispositions applicables aux pouvoirs adjudicateurs

TITRE Ier. – CHAMP D'APPLICATION ET PRINCIPES FONDAMENTAUX

CHAPITRE Ier. – DÉFINITIONS ET PRINCIPES FONDAMENTAUX

Article 1er

I. – Les dispositions du présent code s'appliquent aux marchés publics et aux accords-cadres ainsi définis :

Les marchés publics sont les contrats conclus à titre onéreux entre les pouvoirs adjudicateurs définis à l'article 2 et des opérateurs économiques publics ou privés, pour répondre à leurs besoins en matière de travaux, de fournitures ou de services.

Les accords-cadres sont les contrats conclus entre un des pouvoirs adjudicateurs définis à l'article 2 et des opérateurs économiques publics ou privés, ayant pour objet d'établir les termes régissant les marchés à passer au cours d'une période donnée, notamment en ce qui concerne les prix et, le cas échéant, les quantités envisagées.

II. – Les marchés publics et les accords-cadres soumis au présent code respectent les principes de liberté d'accès à la commande publique, d'égalité de traitement des candidats et de transparence des procédures. Ces principes permettent d'assurer l'efficacité de la commande publique et la bonne utilisation des deniers publics. Ces obligations sont mises en œuvre conformément aux règles fixées par le présent code.

III. – Les marchés publics de travaux sont les marchés conclus avec des entrepreneurs, qui ont pour objet soit l'exécution, soit conjointement la conception et l'exécution d'un ouvrage ou de travaux de bâtiment ou de génie civil répondant à des besoins précisés par le pouvoir adjudicateur qui en exerce la maîtrise d'ouvrage. Un ouvrage est le résultat d'un ensemble de travaux de bâtiment ou de génie civil destiné à remplir par lui-même une fonction économique ou technique.

Les marchés publics de fournitures sont les marchés conclus avec des fournisseurs qui ont pour objet l'achat, la prise en crédit-bail, la location ou la location-vente de produits ou matériels.

Les marchés publics de services sont les marchés conclus avec des prestataires de services qui ont pour objet la réalisation de prestations de services.

Lorsqu'un marché public a pour objet à la fois des services et des fournitures, il est un marché de services si la valeur de ceux-ci dépasse celle des fournitures achetées.

Lorsqu'un marché public porte à la fois sur des services et des travaux, il est un marché de travaux si son objet principal est de réaliser des travaux.

Un marché public ayant pour objet l'acquisition de fournitures et, à titre accessoire, des travaux de pose et d'installation de celles-ci, est considéré comme un marché de fournitures.

Article 2

Les pouvoirs adjudicateurs soumis au présent code sont :

1° L'Etat et ses établissements publics autres que ceux ayant un caractère industriel et commercial ;

2° Les collectivités territoriales et les établissements publics locaux.

Sauf dispositions contraires, les règles applicables à l'Etat le sont également à ceux de ses établissements publics auxquels s'appliquent les dispositions du présent code. De même, sauf dispositions contraires, les règles applicables aux collectivités territoriales le sont également aux établissements publics locaux.

CHAPITRE II. – EXCLUSIONS

Article 3

Les dispositions du présent code ne sont pas applicables aux marchés et accords-cadres suivants passés par les pouvoirs adjudicateurs définis à l'article 2 :

1° Accords-cadres et marchés conclus entre un pouvoir adjudicateur et un cocontractant sur lequel il exerce un contrôle comparable à celui qu'il exerce sur ses propres services et qui réalise l'essentiel de ses activités pour lui à condition que, même si ce cocontractant n'est pas un pouvoir adjudicateur, il applique, pour répondre à ses besoins propres, les règles de passation des marchés prévues par le présent code ou par l'ordonnance n° 2005-649 du 6 juin 2005 relative aux marchés passés par certaines personnes publiques ou privées non soumises au code des marchés publics ;

2° Accords-cadres et marchés de services conclus avec un pouvoir adjudicateur soumis au présent code ou à l'ordonnance du 6 juin 2005 susmentionnée, lorsque ce pouvoir adjudicateur bénéficie, sur le fondement d'une disposition légalement prise, d'un droit exclusif, à condition que cette disposition soit compatible avec le traité instituant la Communauté européenne ;

3° Accords-cadres et marchés de services qui ont pour objet l'acquisition ou la location, quelles qu'en soient les modalités financières, de terrains, de bâtiments existants ou d'autres biens immeubles, ou qui concernent d'autres droits sur ces biens ; toutefois, les contrats de services financiers conclus en relation avec le contrat d'acquisition ou de location, sous quelque forme que ce soit, entrent dans le champ d'application du présent code ;

4° Accords-cadres et marchés qui ont pour objet l'achat, le développement, la production ou la coproduction de programmes destinés à la diffusion par des organismes de radiodiffusion et aux marchés concernant les temps de diffusion ;

5° Accords-cadres et marchés de services financiers relatifs à l'émission, à l'achat, à la vente et au transfert de titres ou d'autres instruments financiers et à des opérations d'approvisionnement en argent ou en capital des pouvoirs adjudicateurs, sous réserve des dispositions du 3°. Sont également exclus les services fournis aux pouvoirs adjudicateurs par des banques centrales ;

6° Accords-cadres et marchés de services de recherche et de développement autres que ceux pour lesquels le pouvoir adjudicateur acquiert la propriété exclusive des résultats et finance entièrement la prestation ;

7° Accords-cadres et marchés, autres que ceux qui sont passés en application du décret prévu au II de l'article 4 du présent code, qui exigent le secret ou dont l'exécution doit s'accompagner de mesures particulières de sécurité conformément aux dispositions législatives ou réglementaires en vigueur ou pour lesquels la protection des intérêts essentiels de l'Etat l'exige. Un arrêté du Premier ministre fixe les conditions dans lesquelles est assuré, à l'occasion de la passation et de l'exécution des accords-cadres et des marchés mentionnés au présent alinéa, le respect de la protection du secret ainsi que des informations ou des intérêts concernant la défense nationale, la sécurité publique ou la sûreté de l'Etat ;

8° Accords-cadres et marchés passés en vertu de la procédure propre à une organisation internationale ;

9° Accords-cadres et marchés passés selon des règles de passation particulières prévues par un accord international relatif au stationnement de troupes ;

10° Accords-cadres et marchés passés selon des règles de passation particulières prévues par un accord international en vue de la réalisation ou de l'exploitation en commun d'un projet ou d'un ouvrage ;

11° Accords-cadres et marchés qui ont pour objet l'achat d'œuvres et d'objets d'art existants, d'objets d'antiquité et de collection ;

12° Accords-cadres et marchés de services relatifs à l'arbitrage et à la conciliation ;

13° Accords-cadres et marchés de services concernant les contrats de travail ;

14° Accords-cadres et marchés qui ont principalement pour objet de permettre la mise à disposition ou l'exploitation de réseaux publics de communications électroniques ou la fourniture au public d'un ou de plusieurs services de communications électroniques ;

15° Accords-cadres et marchés qui cessent d'être soumis aux dispositions du présent code en application de l'article 140.

CHAPITRE III. – DISPOSITIONS SPÉCIFIQUES À CERTAINS MARCHÉS DE LA DÉFENSE

Article 4

I. – Dans les cas où s'appliquent les dispositions des articles L. 1111-1, L. 1111-2, L. 2141-1, L. 2141-2 et L. 2141-3 du code de la défense, un décret particulier remplace, si besoin est, pour les accords-cadres et marchés passés par les services de la défense, les dispositions du présent code.

II. – Un décret en Conseil d'Etat détermine les conditions particulières dans lesquelles sont passés certains accords-cadres et marchés pour les besoins de la défense.

TITRE II – DISPOSITIONS GÉNÉRALES

CHAPITRE Ier. – DÉTERMINATION DES BESOINS À SATISFAIRE

Article 5

I. – La nature et l'étendue des besoins à satisfaire sont déterminées avec précision avant tout appel à la concurrence ou toute négociation non précédée d'un appel à la concurrence en prenant en compte des objectifs de développement durable. Le ou les marchés ou accords-cadres conclus par le pouvoir adjudicateur ont pour objet exclusif de répondre à ces besoins.

II. – Le pouvoir adjudicateur détermine le niveau auquel les besoins sont évalués. Ce choix ne doit pas avoir pour effet de soustraire des marchés aux règles qui leur sont normalement applicables en vertu du présent code.

CHAPITRE II. – SPÉCIFICATIONS TECHNIQUES

Article 6

I. – Les prestations qui font l'objet d'un marché ou d'un accord-cadre sont définies, dans les documents de la consultation, par des spécifications techniques formulées :

1° Soit par référence à des normes ou à d'autres documents équivalents accessibles aux candidats, notamment des agréments techniques ou d'autres référentiels techniques élaborés par les organismes de normalisation ;

2° Soit en termes de performances ou d'exigences fonctionnelles. Celles-ci sont suffisamment précises pour permettre aux candidats de connaître exactement l'objet du marché et au pouvoir adjudicateur d'attribuer le marché. Elles peuvent inclure des caractéristiques environnementales.

Un arrêté du ministre chargé de l'économie précise la nature et le contenu des spécifications techniques.

Pour les marchés passés selon une procédure adaptée, les spécifications techniques peuvent être décrites de manière succincte.

II. – Le pouvoir adjudicateur détermine les prestations qui font l'objet du marché ou de l'accord-cadre qu'il passe :

1° Soit en utilisant exclusivement l'une ou l'autre des catégories de spécifications techniques mentionnées aux 1° et 2° du I ;

2° Soit en les combinant.

Cette combinaison est opérée :

a) Soit en définissant des performances ou exigences fonctionnelles et en précisant la référence des normes ou autres documents équivalents mentionnés au 1° du I qui sont présumés permettre de réaliser ces performances ou de satisfaire à ces exigences ;

b) Soit en recourant à des normes ou autres documents équivalents pour certains aspects du marché et à des performances ou exigences fonctionnelles pour d'autres.

III. – Les spécifications techniques mentionnées au I permettent l'égal accès des candidats et ne peuvent pas avoir pour effet de créer des obstacles injustifiés à l'ouverture des marchés publics à la concurrence. Chaque fois que possible, elles sont établies de manière à prendre en compte des critères d'accessibilité pour les personnes handicapées ou, pour tous les utilisateurs, des critères de fonctionnalité.

IV. – Les spécifications techniques ne peuvent pas faire mention d'un mode ou procédé de fabrication particulier ou d'une provenance ou origine déterminée, ni faire référence à une marque, à un brevet ou à un type, dès lors qu'une telle mention ou référence aurait pour effet de favoriser ou d'éliminer certains opérateurs économiques ou certains produits. Toutefois, une telle mention ou référence est possible si elle est justifiée par l'objet du marché ou, à titre exceptionnel, dans le cas où une description suffisamment précise et intelligible de l'objet du marché n'est pas possible sans elle et à la condition qu'elle soit accompagnée des termes : « ou équivalent ».

V. – Lorsque le pouvoir adjudicateur utilise une spécification technique formulée selon les modalités prévues au 1° du I, il ne peut pas rejeter une offre au motif qu'elle n'est pas conforme à cette spécification si le candidat prouve dans son offre, par tout moyen approprié, que les solutions qu'il propose respectent de manière équivalente cette spécification.

VI. – Lorsque le pouvoir adjudicateur définit des performances ou des exigences fonctionnelles selon les modalités prévues au 2° du I, il ne peut pas rejeter une offre si elle est conforme à des normes ou des documents équivalents qui eux-mêmes correspondent aux performances ou exigences fonctionnelles requises.

Le candidat est tenu de prouver, par tout moyen approprié, que les normes ou documents équivalents que son offre comporte répondent aux performances ou exigences fonctionnelles exigées. Peut constituer un moyen approprié de preuve au sens du présent article un dossier technique du fabricant ou un rapport d'essai d'un organisme reconnu. Sont des organismes reconnus au sens du présent article : les laboratoires d'essai ou de calibrage ainsi que les organismes d'inspection et de certification conformes aux normes européennes applicables. Les pouvoirs adjudicateurs acceptent les certificats émanant d'organismes reconnus dans d'autres Etats membres.

VII. – Lorsque les performances ou les exigences fonctionnelles définies en application du 2° du I comportent des caractéristiques environnementales, celles-ci peuvent être définies par référence à tout ou partie d'un écolabel pour autant :

1° Que cet écolabel soit approprié pour définir les caractéristiques des fournitures ou des prestations faisant l'objet du marché ;

2° Que les mentions figurant dans l'écolabel aient été établies sur la base d'une information scientifique ;

3° Que l'écolabel ait fait l'objet d'une procédure d'adoption à laquelle ont participé des représentants des organismes gouvernementaux, des consommateurs, des fabricants, des distributeurs et des organisations de protection de l'environnement ;

4° Que l'écolabel soit accessible à toutes les parties intéressées.

Le pouvoir adjudicateur peut indiquer, dans les documents de la consultation, que les produits ou services ayant obtenu un écolabel sont présumés satisfaire aux caractéristiques environnementales mentionnées dans les spécifications techniques mais est tenu d'accepter tout moyen de preuve approprié.

VIII. – Le pouvoir adjudicateur peut exiger que les candidats joignent une traduction en français, certifiée conforme à l'original par un traducteur assermenté, aux documents rédigés dans une autre langue qu'ils remettent en application du présent article.

CHAPITRE III. – COORDINATION, GROUPEMENT DE COMMANDES ET CENTRALE D'ACHATS

Article 7

Au sein d'un pouvoir adjudicateur, les services qui disposent d'un budget propre peuvent coordonner la passation de leurs marchés ou accords-cadres, quel que soit leur montant, selon des modalités qu'ils déterminent librement. Les marchés ou accords-cadres ainsi passés obéissent aux règles fixées par le présent code.

Les services qui coordonnent la passation de leurs marchés ou accords-cadres peuvent décider que l'un d'entre eux sera chargé :

– de signer et de notifier le marché ou l'accord-cadre, chaque service, pour ce qui le concerne, s'assurant de sa bonne exécution,

ou

– de signer le marché ou l'accord-cadre, de le notifier et de l'exécuter au nom de l'ensemble des services.

Les services qui coordonnent la passation de leurs marchés ou accords-cadres peuvent décider que la commission d'appel d'offres compétente pour les marchés ou les accords-cadres coordonnés est celle du service coordonnateur.

Article 8

I. – Des groupements de commandes peuvent être constitués :

1° Entre des services de l'Etat et les établissements publics de l'Etat autres que ceux ayant un caractère industriel et commercial ou entre de tels établissements publics seuls ;

2° Entre des collectivités territoriales, entre des établissements publics locaux ou entre des collectivités territoriales et des établissements publics locaux ;

3° Entre des personnes publiques mentionnées aux 1° et 2° ci-dessus ;

4° Entre une ou plusieurs personnes publiques mentionnées aux 1° et 2° ci-dessus et une ou plusieurs personnes morales de droit privé, ou un ou plusieurs établissements publics nationaux à caractère industriel et commercial, groupements d'intérêt public, groupements de coopération sociale ou médico-sociale ou groupements de coopération sanitaire, à condition que chacun des membres du groupement applique, pour les achats réalisés dans le cadre du groupement, les règles prévues par le présent code.

II. – Une convention constitutive est signée par les membres du groupement.

Elle définit les modalités de fonctionnement du groupement.

Elle désigne un coordonnateur parmi les membres du groupement, ayant la qualité de pouvoir adjudicateur soumis au présent code ou à l'ordonnance du 6 juin 2005 susmentionnée.

Celui-ci est chargé de procéder, dans le respect des règles prévues par le présent code, à l'organisation de l'ensemble des opérations de sélection d'un ou de plusieurs cocontractants.

Chaque membre du groupement s'engage, dans la convention, à signer avec le cocontractant retenu un marché à hauteur de ses besoins propres, tels qu'il les a préalablement déterminés.

III. – Une commission d'appel d'offres du groupement est instaurée dès lors qu'une collectivité territoriale ou un établissement public local autre qu'un établissement public de santé ou un établissement public social ou médico-social participe au groupement.

Sont membres de cette commission d'appel d'offres :

1° Un représentant élu parmi les membres ayant voix délibérative de la commission d'appel d'offres de chaque membre du groupement qui dispose d'une commission d'appel d'offres ;

2° Un représentant pour chacun des autres membres du groupement désigné selon les modalités qui leur sont propres.

La commission d'appel d'offres est présidée par le représentant du coordonnateur. Pour chaque membre titulaire peut être prévu un suppléant.

IV. – Lorsqu'il est instauré une commission d'appel d'offres, son président peut désigner des personnalités compétentes dans la matière qui fait l'objet de la consultation. Celles-ci sont convoquées et peuvent participer, avec voix consultative, aux réunions de la commission d'appel d'offres.

La commission d'appel d'offres peut également être assistée par des agents des membres du groupement, compétents dans la matière qui fait l'objet de la consultation ou en matière de marchés publics.

Pour les marchés et accords-cadres des groupements mentionnés aux 2°, 3° et, le cas échéant, 4° du I, le comptable du coordonnateur du groupement, si celui-ci est un comptable public et un représentant du directeur général de la concurrence, de la consommation et de la répression des fraudes, peuvent participer, avec voix consultative, aux réunions de la commission d'appel d'offres, lorsqu'ils y sont invités. Leurs observations sont consignées au procès-verbal.

V. – Pour les groupements dans lesquels les collectivités territoriales ou les établissements publics locaux autres qu'un établissement public de santé ou un établissement public social ou médico-social sont majoritaires, le titulaire est choisi par la commission d'appel d'offres en application des règles prévues par le présent code pour les collectivités territoriales.

Pour les groupements dans lesquels les collectivités territoriales ou les établissements publics locaux autres qu'un établissement public de santé ou un établissement public social ou médico-social ne sont pas majoritaires, le titulaire est choisi après avis de la commission d'appel d'offres, selon les modalités définies par la convention constitutive du groupement.

Pour les groupements constitués entre des personnes ne disposant pas de commission d'appel d'offres, le titulaire est choisi selon les modalités définies par la convention constitutive du groupement.

Les marchés passés par un groupement au sein duquel les collectivités territoriales ou les établissements publics locaux sont majoritaires obéissent aux règles prévues par le présent code pour les collectivités territoriales.

Dans les autres cas, les marchés obéissent aux règles prévues par le présent code pour les marchés de l'Etat.

VI. – Chaque membre du groupement, pour ce qui le concerne, signe le marché et s'assure de sa bonne exécution.

VII. – La convention constitutive du groupement peut aussi avoir prévu que le coordonnateur sera chargé :

1° Soit de signer et de notifier le marché ou l'accord-cadre, chaque membre du groupement, pour ce qui le concerne, s'assurant de sa bonne exécution ;

2° Soit de signer le marché ou l'accord-cadre, de le notifier et de l'exécuter au nom de l'ensemble des membres du groupement.

Dans ces deux cas, la convention constitutive du groupement peut prévoir que la commission d'appel d'offres est celle du coordonnateur.

Si le coordonnateur ne dispose pas d'une commission d'appel d'offres, il en constitue une pour les besoins de fonctionnement du groupement.

Article 9

Une centrale d'achat est un pouvoir adjudicateur soumis au présent code ou à l'ordonnance du 6 juin 2005 susmentionnée qui :

1° Acquiert des fournitures ou des services destinés à des pouvoirs adjudicateurs ;

ou

2° Passe des marchés publics ou conclut des accords-cadres de travaux, fournitures ou de services destinés à des pouvoirs adjudicateurs.

CHAPITRE IV. – L'ALLOTISSEMENT

Article 10

Afin de susciter la plus large concurrence, et sauf si l'objet du marché ne permet pas l'identification de prestations distinctes, le pouvoir adjudicateur passe le marché en lots séparés dans les conditions prévues par le III de l'article 27. A cette fin, il choisit librement le nombre de lots, en tenant notamment compte des caractéristiques techniques des prestations demandées, de la structure du secteur économique en cause et, le cas échéant, des règles applicables à certaines professions. Les candidatures et les offres sont examinées lot par lot. Les candidats ne peuvent présenter des offres variables selon le nombre de lots susceptibles d'être obtenus. Si plusieurs lots sont attribués à un même titulaire, il est toutefois possible de ne signer avec ce titulaire qu'un seul marché regroupant tous ces lots.

Le pouvoir adjudicateur peut toutefois passer un marché global, avec ou sans identification de prestations distinctes, s'il estime que la dévolution en lots séparés est de nature, dans le cas particulier, à restreindre la concurrence, ou qu'elle risque de rendre techniquement difficile ou financièrement coûteuse l'exécution des prestations ou encore qu'il n'est pas en mesure d'assurer par lui-même les missions d'organisation, de pilotage et de coordination.

Si le pouvoir adjudicateur recourt à des lots séparés pour une opération ayant à la fois pour objet la construction et l'exploitation ou la maintenance d'un ouvrage, les prestations de construction et d'exploitation ou de maintenance ne peuvent être regroupées dans un même lot. S'il recourt à un marché global, celui-ci fait obligatoirement apparaître, de manière séparée, les prix respectifs de la construction et de l'exploitation ou de la maintenance. La rémunération des prestations d'exploitation ou de maintenance ne peut en aucun cas contribuer au paiement de la construction.

CHAPITRE V. – DOCUMENTS CONSTITUTIFS DU MARCHÉ

Article 11

Les marchés et accords-cadres d'un montant égal ou supérieur à 20 000 € HT sont passés sous forme écrite.

Pour les marchés passés selon les procédures formalisées, l'acte d'engagement et, le cas échéant, les cahiers des charges en sont les pièces constitutives.

L'acte d'engagement est la pièce signée par un candidat à un accord-cadre ou à un marché public dans laquelle le candidat présente son offre ou sa proposition dans le respect des clauses du cahier des charges qui déterminent les conditions dans lesquelles le marché est exécuté. Cet acte d'engagement est ensuite signé par le pouvoir adjudicateur.

Lorsque les offres sont transmises par voie électronique, la signature de l'acte d'engagement est présentée selon les modalités prévues par un arrêté du ministre chargé de l'économie.

Article 12

I. – Les pièces constitutives des marchés passés selon une procédure formalisée comportent obligatoirement les mentions suivantes :

1° L'identification des parties contractantes ;

2° La justification de la qualité de la personne signataire au nom de l'Etat et, le cas échéant, la délibération autorisant la signature du marché ;

3° La définition de l'objet du marché ;

4° La référence aux articles et alinéas du présent code en application desquels le marché est passé ;

5° L'énumération des pièces du marché ; ces pièces sont présentées dans un ordre de priorité défini par les parties contractantes. Sauf cas d'erreur manifeste, cet ordre de priorité prévaut en cas de contradiction dans le contenu des pièces ;

6° Le prix ou les modalités de sa détermination ;

7° La durée d'exécution du marché ou les dates prévisionnelles de début d'exécution et d'achèvement ;

8° Les conditions de réception, de livraison ou d'admission des prestations ;

9° Les conditions de règlement, notamment, s'ils sont prévus dans le marché, les délais de paiement ;

10° Les conditions de résiliation, notamment celles prévues à l'article 47 ;

11° La date de notification du marché ;

12° La désignation du comptable assignataire ;

13° Les éléments propres aux marchés à tranches conditionnelles.

II. – Pour les marchés de conception-réalisation définis à l'article 37, sont en outre des pièces constitutives du marché :

1° Le programme de l'opération, au sens de l'article 2 de la loi n° 85-704 du 12 juillet 1985 modifiée relative à la maîtrise d'ouvrage publique et à ses rapports avec la maîtrise d'œuvre privée ;

2° Les études de conception présentées par l'opérateur économique retenu.

III. – Les pièces constitutives des accords-cadres comportent obligatoirement les mentions énumérées aux 1°, 2°, 3°, 4°, 5°, 6°, 7°, 10° et 11° du I du présent article.

Les pièces constitutives des marchés passés sur le fondement d'un accord-cadre comportent obligatoirement les mentions énumérées aux 6°, 8°, 9°, 12° et 13° du I du présent article, si ces mentions n'ont pas déjà été indiquées dans celles de l'accord-cadre.

IV. – Si les pièces constitutives ne sont pas rédigées en langue française, le pouvoir adjudicateur peut exiger que ces documents soient accompagnés d'une traduction en français certifiée conforme à l'original par un traducteur assermenté.

Article 13

Les cahiers des charges des marchés passés selon une procédure formalisée déterminent les conditions dans lesquelles les marchés sont exécutés.

Ils comprennent des documents généraux et des documents particuliers.

Les documents généraux sont :

1° Les cahiers des clauses administratives générales, qui fixent les dispositions administratives applicables à une catégorie de marchés ;

2° Les cahiers des clauses techniques générales, qui fixent les dispositions techniques applicables à toutes les prestations d'une même nature.

Ces documents sont approuvés par un arrêté du ministre chargé de l'économie et des ministres intéressés.

La référence à ces documents n'est pas obligatoire.

Les documents particuliers sont :

1° Les cahiers des clauses administratives particulières, qui fixent les dispositions administratives propres à chaque marché ;

2° Les cahiers des clauses techniques particulières, qui fixent les dispositions techniques nécessaires à l'exécution des prestations de chaque marché.

Si le pouvoir adjudicateur décide de faire référence aux documents généraux, les documents particuliers comportent, le cas échéant, l'indication des articles des documents généraux auxquels ils dérogent.

CHAPITRE VI. – CLAUSES SOCIALES ET ENVIRONNEMENTALES

Article 14

Les conditions d'exécution d'un marché ou d'un accord-cadre peuvent comporter des éléments à caractère social ou environnemental qui prennent en compte les objectifs de développement durable en conciliant développement économique, protection et mise en valeur de l'environnement et progrès social.

Ces conditions d'exécution ne peuvent pas avoir d'effet discriminatoire à l'égard des candidats potentiels. Elles sont indiquées dans l'avis d'appel public à la concurrence ou dans les documents de la consultation.

CHAPITRE VII. – MARCHÉS RÉSERVÉS

Article 15

Certains marchés ou certains lots d'un marché peuvent être réservés à des entreprises adaptées ou à des établissements et services d'aide par le travail mentionnés aux articles L. 5213-13, L. 5213-18, L. 5213-19 et L. 5213-22 du code du travail et L. 344-2 du code de l'action sociale et des familles, ou à des structures équivalentes, lorsque la majorité des travailleurs concernés sont des personnes handicapées qui, en raison de la nature ou de la gravité de leurs déficiences, ne peuvent exercer une activité professionnelle dans des conditions normales.

L'avis d'appel public à la concurrence fait mention de la présente disposition.

CHAPITRE VIII. – DURÉE DU MARCHÉ

Article 16

Sous réserve des dispositions fixant la durée maximale pour les accords-cadres et les marchés à bons de commande, les marchés complémentaires passés en procédure négociée ainsi que les marchés relatifs à des opérations de communication, la durée d'un marché ainsi que, le cas échéant, le nombre de ses reconductions, sont fixés en tenant compte de la nature des prestations et de la nécessité d'une remise en concurrence périodique.

Un marché peut prévoir une ou plusieurs reconductions à condition que ses caractéristiques restent inchangées et que la mise en concurrence ait été réalisée en prenant en compte la durée totale du marché, périodes de reconduction comprises.

Le pouvoir adjudicateur prend par écrit la décision de reconduire ou non le marché. Le titulaire du marché ne peut refuser sa reconduction sauf stipulation contraire prévue dans le marché.

CHAPITRE IX. – PRIX DU MARCHÉ

Article 17

Les prix des prestations faisant l'objet d'un marché sont soit des prix unitaires appliqués aux quantités réellement livrées ou exécutées, soit des prix forfaitaires appliqués à tout ou partie du marché, quelles que soient les quantités livrées ou exécutées.

Des clauses incitatives peuvent être insérées dans les marchés aux fins d'améliorer les délais d'exécution, de rechercher une meilleure qualité des prestations et de réduire les coûts de production.

Article 18

I. – Sous réserve des dispositions de l'article 19, un marché est conclu à prix définitif.

II. – Un prix définitif peut être ferme ou révisable.

III. – Un prix ferme est un prix invariable pendant la durée du marché. Toutefois, il est actualisable dans les conditions définies ci-dessous.

Un marché est conclu à prix ferme dans le cas où cette forme de prix n'est pas de nature à exposer à des aléas majeurs les parties au marché du fait de l'évolution raisonnablement prévisible des conditions économiques pendant la période d'exécution des prestations.

Lorsqu'un marché est conclu à prix ferme pour des fournitures ou services autres que courants ou pour des travaux, il prévoit les modalités d'actualisation de son prix. Il précise notamment :

1° Que ce prix sera actualisé si un délai supérieur à trois mois s'écoule entre la date à laquelle le candidat a fixé son prix dans l'offre et la date de début d'exécution des prestations ;

2° Que l'actualisation se fera aux conditions économiques correspondant à une date antérieure de trois mois à la date de début d'exécution des prestations.

Lorsqu'un marché est conclu à prix ferme pour des fournitures ou services courants, il peut prévoir que son prix pourra être actualisé selon des règles identiques à celles mentionnées ci-dessus.

Le prix ainsi actualisé reste ferme pendant toute la période d'exécution des prestations et constitue le prix de règlement.

Pour l'application de ces dispositions, sont réputés être des fournitures ou services courants ceux pour lesquels le pouvoir adjudicateur n'impose pas des spécifications techniques propres au marché.

IV. – Un prix révisable est un prix qui peut être modifié pour tenir compte des variations économiques dans les conditions fixées ci-dessous.

Lorsque le prix est révisable, le marché fixe la date d'établissement du prix initial, les modalités de calcul de la révision ainsi que la périodicité de sa mise en œuvre. Les modalités de calcul de la révision du prix sont fixées :

1° Soit en fonction d'une référence à partir de laquelle on procède à l'ajustement du prix de la prestation ;

2° Soit par application d'une formule représentative de l'évolution du coût de la prestation. Dans ce cas, la formule de révision ne prend en compte que les différents éléments du coût de la prestation et peut inclure un terme fixe ;

3° Soit en combinant les modalités mentionnées aux 1° et 2°.

V. – Les marchés d'une durée d'exécution supérieure à trois mois qui nécessitent, pour leur réalisation, le recours à une part importante de fournitures notamment de matières premières dont le prix est directement affecté par les fluctuations de cours mondiaux, comportent une clause de révision de prix incluant une référence aux indices officiels de fixation de ces cours, conformément au 1° du IV du présent article.

Article 19

I. – Il est possible de conclure des marchés à prix provisoires dans les cas exceptionnels suivants :

1° Lorsque, pour des prestations complexes ou faisant appel à une technique nouvelle et présentant soit un caractère d'urgence impérieuse, soit des aléas techniques importants, l'exécution du marché doit commencer alors que la détermination d'un prix initial définitif n'est pas encore possible ;

2° Lorsque les résultats d'une enquête de coût de revient portant sur des prestations comparables commandées au titulaire d'un marché antérieur ne sont pas encore connus ;

3° Lorsque les prix des dernières tranches d'un marché à tranches, tel que défini à l'article 72, sont fixés au vu des résultats, non encore connus, d'une enquête de coût de revient portant sur les premières tranches, conclues à prix définitifs ;

4° Lorsque les prix définitifs de prestations comparables ayant fait l'objet de marchés antérieurs sont remis en cause par le candidat pressenti ou par le pouvoir adjudicateur, sous réserve que ce dernier ne dispose pas des éléments techniques ou comptables lui permettant de négocier de nouveaux prix définitifs.

II. – Les marchés conclus à prix provisoires précisent :

1° Les conditions dans lesquelles sera déterminé le prix définitif, éventuellement dans la limite d'un prix plafond ;

2° L'échéance à laquelle devra intervenir un avenant pour fixer le prix définitif ;

3° Les règles comptables auxquelles le titulaire devra se conformer ;

4° Les vérifications sur pièces et sur place que le pouvoir adjudicateur se réserve d'effectuer sur les éléments techniques et comptables du coût de revient.

III. – Pour la réalisation des ouvrages mentionnés à l'article 1er de la loi du 12 juillet 1985 susmentionnée, les marchés de maîtrise d'œuvre sont passés à prix provisoires conformément au décret n° 93-1268 du 29 novembre 1993 relatif aux missions de maîtrise d'œuvre confiées par des maîtres d'ouvrage publics à des prestataires de droit privé.

CHAPITRE X. – AVENANTS

Article 20

En cas de sujétions techniques imprévues ne résultant pas du fait des parties, un avenant ou une décision de poursuivre peut intervenir quel que soit le montant de la modification en résultant.

Dans tous les autres cas, un avenant ou une décision de poursuivre ne peut bouleverser l'économie du marché, ni en changer l'objet.

TITRE III. – PASSATION DES MARCHÉS

CHAPITRE Ier. – COMPOSITION DE LA COMMISSION D'APPEL D'OFFRES DES COLLECTIVITÉS TERRITORIALES ET DU JURY DE CONCOURS

Section 1. – La commission d'appel d'offres des collectivités territoriales

Article 22

I. – Pour les collectivités territoriales et les établissements publics locaux, à l'exception des établissements publics de santé et des établissements publics sociaux ou médico-sociaux, sont constituées une ou plusieurs commissions d'appel d'offres à caractère permanent. Une commission spécifique peut aussi être constituée pour la passation d'un marché déterminé.

Ces commissions d'appel d'offres sont composées des membres suivants :

1° Lorsqu'il s'agit d'une région, le président du conseil régional ou son représentant, président, et cinq membres du conseil élus en son sein à la représentation proportionnelle au plus fort reste ;

Lorsqu'il s'agit de la collectivité territoriale de Corse, le président du conseil exécutif ou son représentant, président, et cinq membres de l'assemblée de Corse élus en son sein à la représentation proportionnelle au plus fort reste ;

2° Lorsqu'il s'agit d'un département, le président du conseil général ou son représentant, président, et cinq membres du conseil élus en son sein à la représentation proportionnelle au plus fort reste ;

3° Lorsqu'il s'agit d'une commune de 3 500 habitants et plus, le maire ou son représentant, président, et cinq membres du conseil municipal élus en son sein à la représentation proportionnelle au plus fort reste ;

4° Lorsqu'il s'agit d'une commune de moins de 3 500 habitants, le maire ou son représentant, président, et trois membres du conseil municipal élus en son sein à la représentation proportionnelle au plus fort reste ;

5° Lorsqu'il s'agit d'un établissement public de coopération intercommunale ou d'un syndicat mixte, le président de cet établissement ou de ce syndicat ou son représentant, président, et un nombre de membres égal à celui prévu pour la composition de la commission de la collectivité au nombre d'habitants le plus élevé, élus, en son sein, par l'assemblée délibérante de l'établissement ou du syndicat. Toutefois, si ce nombre ne peut être atteint, la commission est composée au minimum d'un président et de deux membres élus par l'assemblée délibérante de l'établissement ou du syndicat ;

6° Lorsqu'il s'agit d'un autre établissement public local, le représentant légal de l'établissement ou son représentant, président, et de deux à quatre membres de l'organe délibérant, désignés par celui-ci.

Outre le directeur ou son représentant, président, chaque commission comporte obligatoirement au moins un membre désigné par le conseil d'administration en son sein ou parmi des personnalités qualifiées proposées par le directeur. Chaque commission comporte un nombre impair de membres.

II. – Dans tous les cas énumérés ci-dessus, il est procédé, selon les mêmes modalités, à la désignation ou à l'élection de suppléants en nombre égal à celui des membres titulaires. Cette règle ne s'applique pas aux établissements publics de coopération intercommunale et aux syndicats mixtes dont l'organe délibérant comporte moins de cinq membres.

III. – Pour les collectivités mentionnées aux 1°, 2°, 3°, 4° et 5° du I, l'élection des membres titulaires et des suppléants a lieu sur la même liste, sans panachage ni vote préférentiel. Les listes peuvent comprendre moins de noms qu'il n'y a de sièges de titulaires et de suppléants à pourvoir.

En cas d'égalité des restes, le siège revient à la liste qui a obtenu le plus grand nombre de suffrages. Si les listes en cause ont également recueilli le même nombre de suffrages, le siège est attribué au plus âgé des candidats susceptibles d'être proclamés élus.

Il est pourvu au remplacement d'un membre titulaire de la commission d'appel d'offres par le suppléant inscrit sur la même liste et venant immédiatement après le dernier titulaire élu de ladite liste. Le remplacement du suppléant, ainsi devenu membre titulaire, est assuré par le candidat inscrit sur la même liste, immédiatement après ce dernier.

Il est procédé au renouvellement intégral de la commission d'appel d'offres lorsqu'une liste se trouve dans l'impossibilité de pourvoir, dans les conditions telles que prévues à l'alinéa précédent, au remplacement des membres titulaires auxquels elle a droit.

IV. – Ont voix délibérative les membres mentionnés au I. En cas de partage égal des voix, le président a voix prépondérante.

V. – La commission d'appel d'offres peut faire appel au concours d'agents du pouvoir adjudicateur compétents dans la matière qui fait l'objet de la consultation ou en matière de marchés publics.

Article 23

I. – Peuvent participer, avec voix consultative, aux réunions de la commission d'appel d'offres :

1° Un ou plusieurs membres du service technique compétent du pouvoir adjudicateur ou d'un autre pouvoir adjudicateur pour suivre l'exécution des travaux ou effectuer le contrôle de conformité lorsque la réglementation impose le concours de tels services ou lorsque le marché porte sur des travaux subventionnés par l'Etat ;

2° Des personnalités désignées par le président de la commission en raison de leur compétence dans la matière qui fait l'objet de la consultation ;

II. – Lorsqu'ils y sont invités par le président de la commission d'appel d'offres, le comptable public et un représentant du directeur général de la concurrence, de la consommation et de la répression des fraudes peuvent participer, avec voix consultative, aux réunions de la commission d'appel d'offres. Leurs observations sont consignées au procès-verbal.

Section 2. – Le jury de concours

Article 24

I. – Le jury de concours est composé exclusivement de personnes indépendantes des participants au concours.

a) Pour l'Etat et ses établissements publics, les membres du jury de concours sont désignés suivant les modalités suivantes :

i) En ce qui concerne les administrations centrales de l'Etat, les services à compétence nationale et les services déconcentrés qui ne sont pas placés sous l'autorité du préfet, par le ministre dont ils dépendent ;

ii) En ce qui concerne les services déconcentrés de l'Etat placés sous l'autorité du préfet, par le préfet ;

iii) En ce qui concerne les établissements publics de l'Etat, par les règles propres à chaque établissement.

Un représentant de la direction générale de la concurrence, de la consommation et de la répression des fraudes est membre du jury avec voix consultative.

b) Pour les collectivités territoriales, les membres du jury sont désignés dans les conditions prévues aux I, II et III de l'article 22.

c) Pour les groupements de commandes mentionnés à l'article 8, les membres du jury sont les membres de la commission d'appel d'offres prévue au III de l'article 8 et, en ce qui concerne l'Etat et ses établissements publics autres qu'industriels et commerciaux, un représentant de chacun des membres du groupement.

d) Le président du jury peut en outre désigner comme membres du jury des personnalités dont il estime que la participation présente un intérêt particulier au regard de l'objet du concours, sans que le nombre de ces personnalités puisse excéder cinq.

e) En outre, lorsqu'une qualification professionnelle est exigée des candidats pour participer à un concours, au moins un tiers des membres du jury ont cette qualification ou une qualification équivalente. Ils sont désignés par le président du jury.

Tous les membres du jury ont voix délibérative.

II. – Le comptable public et un représentant du directeur général de la concurrence, de la consommation et de la répression des fraudes sont invités à participer aux jurys de l'Etat. Ils peuvent participer, lorsqu'ils y sont invités par le président du jury, aux jurys des collectivités territoriales. Ils ont voix consultative. Leurs observations sont consignées au procès-verbal à leur demande.

III. – Le président du jury peut, en outre, faire appel au concours d'agents du pouvoir adjudicateur compétents dans la matière qui fait l'objet de la consultation ou en matière de marchés publics. Ces agents ont voix consultative.

IV. – Le jury peut auditionner toute personne susceptible de lui apporter des informations utiles.

Section 3. – Règles communes de fonctionnement

Article 25

Les convocations aux réunions de la commission mentionnée aux articles 8, 22 et 23 ou du jury sont adressées à leurs membres au moins cinq jours francs avant la date prévue pour la réunion. Le quorum est atteint lorsque plus de la moitié des membres ayant voix délibérative sont présents.

Si, après une première convocation, ce quorum n'est pas atteint, la commission d'appel d'offres ou le jury est à nouveau convoqué. Ils se réunissent alors valablement sans condition de quorum.

La commission d'appel d'offres ou le jury dresse procès-verbal de ses réunions. Tous les membres de la commission ou du jury peuvent demander que leurs observations soient portées au procès-verbal.

En cas d'urgence impérieuse prévue au 1° du II de l'article 35, le marché peut être attribué sans réunion préalable de la commission d'appel d'offres.

CHAPITRE II. – DÉFINITION DES SEUILS ET PRÉSENTATION DES PROCÉDURES DE PASSATION

Section 1. – Présentation et seuils des procédures

Article 26

I. – Les pouvoirs adjudicateurs passent leurs marchés et accords-cadres selon les procédures formalisées suivantes :

1° Appel d'offres ouvert ou restreint ;

2° Procédures négociées, dans les cas prévus par l'article 35 ;

3° Dialogue compétitif, dans les cas prévus par l'article 36 ;

4° Concours, défini par l'article 38 ;

5° Système d'acquisition dynamique, défini par l'article 78.

II. – Les marchés et accords-cadres peuvent aussi être passés selon une procédure adaptée, dans les conditions définies par l'article 28, lorsque le montant estimé du besoin est inférieur aux seuils suivants :

1° 133 000 € HT pour les fournitures et les services de l'Etat ;

2° 206 000 € HT pour les fournitures et les services des collectivités territoriales ;

3° 206 000 € HT pour les fournitures acquises par des pouvoirs adjudicateurs opérant dans le domaine de la défense autres que celles figurant dans la liste établie par arrêté conjoint du ministre chargé de l'économie et du ministre chargé de la défense ;

4° 206 000 € HT pour les marchés de services de recherche et développement pour lesquels le pouvoir adjudicateur acquiert la propriété exclusive des résultats et qu'il finance entièrement ;

5° 5 150 000 € HT pour les travaux.

III. – Les pouvoirs adjudicateurs peuvent aussi mettre en œuvre une procédure adaptée :

1° En application de l'article 30 ;

2° Pour certains lots, dans les conditions prévues par le III de l'article 27.

IV. – Lorsque le montant estimé des marchés et accords-cadres de travaux est égal ou supérieur à 5 150 000 € HT, le pouvoir adjudicateur ne peut recourir aux différentes procédures formalisées, autres que l'appel d'offres, que dans les conditions prévues par les articles 35 à 38.

V. – Les marchés peuvent également être passés sur la base d'un accord-cadre conformément aux dispositions de l'article 76.

VI. – Pour les groupements de commandes mentionnés à l'article 8, les seuils à prendre en compte sont ceux qui sont applicables aux marchés et accords-cadres de l'Etat chaque fois qu'un service de l'Etat ou un établissement public à caractère autre qu'industriel et commercial de l'Etat est membre du groupement. Dans les autres cas, les seuils à prendre en compte sont ceux qui sont applicables aux marchés et accords-cadres des collectivités territoriales.

VII. – Les marchés sans formalités préalables mentionnés dans le code général des collectivités territoriales sont les marchés d'un montant inférieur aux seuils fixés au II.

Section 2. – Méthode de calcul de la valeur estimée des marchés publics, des accords-cadres et des systèmes d'acquisition dynamiques

Article 27

I. – Le pouvoir adjudicateur ne peut pas se soustraire à l'application du présent code en scindant ses achats ou en utilisant des modalités de calcul de la valeur estimée des marchés ou accords-cadres autres que celles prévues par le présent article.

II. – Le montant estimé du besoin est déterminé dans les conditions suivantes, quel que soit le nombre d'opérateurs économiques auxquels il est fait appel et quel que soit le nombre de marchés à passer.

1° En ce qui concerne les travaux, sont prises en compte la valeur globale des travaux se rapportant à une opération portant sur un ou plusieurs ouvrages ainsi que la valeur des fournitures nécessaires à leur réalisation que le pouvoir adjudicateur met à disposition des opérateurs.

Il y a opération de travaux lorsque le pouvoir adjudicateur prend la décision de mettre en œuvre, dans une période de temps et un périmètre limités, un ensemble de travaux caractérisé par son unité fonctionnelle, technique ou économique.

2° En ce qui concerne les fournitures et les services, il est procédé à une estimation de la valeur totale des fournitures ou des services qui peuvent être considérés comme homogènes soit en raison de leurs caractéristiques propres, soit parce qu'ils constituent une unité fonctionnelle.

La délimitation d'une catégorie homogène de fournitures ou de services ne doit pas avoir pour effet de soustraire des marchés aux règles qui leur sont normalement applicables en vertu du présent code.

Pour les marchés d'une durée inférieure ou égale à un an, conclus pour répondre à un besoin régulier, la valeur totale mentionnée ci-dessus est celle qui correspond aux besoins d'une année.

III. – Lorsqu'un achat peut être réalisé par lots séparés, est prise en compte la valeur globale estimée de la totalité de ces lots.

Les pouvoirs adjudicateurs peuvent décider de mettre en œuvre soit une procédure commune de mise en concurrence pour l'ensemble des lots, soit une procédure de mise en concurrence propre à chaque lot. Quelle que soit l'option retenue, lorsque la valeur cumulée des lots est égale ou supérieure aux seuils prévus au II de l'article 26, la ou les procédures à mettre en œuvre sont les procédures formalisées mentionnées au I du même article.

Toutefois, même si la valeur totale des lots est égale ou supérieure aux seuils des marchés formalisés, il est possible de recourir à une procédure adaptée :

1° Pour les lots inférieurs à 80 000 € HT dans le cas de marchés de fournitures et de services ;

2° Pour les lots inférieurs à 1 000 000 € HT dans le cas des marchés de travaux, à la condition que le montant cumulé de ces lots n'excède pas 20 % de la valeur de la totalité des lots. Dans le cas où un minimum et un maximum sont fixés, les 20 % s'appliquent au montant minimum du marché.

Cette dérogation peut également s'appliquer à des lots déclarés infructueux ou sans suite au terme d'une première procédure ainsi qu'à des lots dont l'exécution est inachevée après résiliation du marché initial lorsque ces lots satisfont aux conditions fixées par les trois alinéas précédents.

Cette dérogation ne peut, en revanche, s'appliquer aux accords-cadres et aux marchés qui ne comportent pas de montant minimum.

IV. – Si le pouvoir adjudicateur prévoit des primes au profit des candidats, il prend en compte leur montant pour calculer la valeur estimée du besoin.

V. – Pour les accords-cadres et pour les systèmes d'acquisition dynamique, la valeur à prendre en compte est la valeur maximale estimée de l'ensemble des marchés envisagés pendant la durée totale de l'accord-cadre ou du système d'acquisition dynamique.

VI. – Pour les marchés à bons de commande comportant un maximum, la valeur à prendre en compte correspond à ce maximum. Si le marché ne fixe pas de maximum, sa valeur estimée est réputée excéder les seuils mentionnés au II de l'article 26 du présent code.

Section 3. – Procédure adaptée

Article 28

Lorsque leur valeur estimée est inférieure aux seuils mentionnés au II de l'article 26, les marchés de fournitures, de services ou de travaux peuvent être passés selon une procédure adaptée, dont les modalités sont librement fixées par le pouvoir adjudicateur en fonction de la nature et des caractéristiques du besoin à satisfaire, du nombre ou de la localisation des opérateurs économiques susceptibles d'y répondre ainsi que des circonstances de l'achat.

Le pouvoir adjudicateur peut négocier avec les candidats ayant présenté une offre. Cette négociation peut porter sur tous les éléments de l'offre notamment sur le prix.

Pour la détermination de ces modalités, le pouvoir adjudicateur peut s'inspirer des procédures formalisées prévues par le présent code, sans pour autant que les marchés en cause ne soient alors soumis aux règles formelles applicables à ces procédures. En revanche, s'il se réfère expressément à l'une des procédures formalisées prévues par le présent code, le pouvoir adjudicateur est tenu d'appliquer les modalités prévues par le présent code.

Quel que soit son choix, le pouvoir adjudicateur ne peut exiger des opérateurs économiques plus de renseignements ou de documents que ceux prévus pour les procédures formalisées par les articles 45, 46 et 48.

Le pouvoir adjudicateur peut décider que le marché sera passé sans publicité ni mise en concurrence préalables si les circonstances le justifient, ou si son montant estimé est inférieur à 20 000 € HT, ou dans les situations décrites au II de l'article 35.

Section 4. – Procédure applicable aux marchés de services

Article 29

Sont soumis, en ce qui concerne leur passation, aux règles prévues par le présent titre les marchés publics et les accords-cadres ayant pour objet les services énumérés ci-dessous :

1. Services d'entretien et de réparation ;
2. Services de transports terrestres, y compris les services de véhicules blindés et les services de courrier, à l'exclusion des services de transports ferroviaires ;
3. Services de transports aériens de voyageurs et de marchandises ;
4. Services de transports de courrier par transport terrestre et par air ;
5. Services de communications électroniques ;
6. Services financiers : services d'assurances, services bancaires et d'investissement, sous réserve des dispositions des 3° et 5° de l'article 3 ;
7. Services informatiques et services connexes ;
8. Services de recherche-développement, sous réserve des dispositions du 6° de l'article 3 ;
9. Services comptables, d'audit et de tenue de livres ;
10. Services d'études de marché et de sondages ;
11. Services de conseil en gestion et services connexes ;
12. Services d'architecture ; services d'ingénierie et services intégrés d'ingénierie ; services d'aménagement urbain et d'architecture paysagère ; services connexes de consultations scientifiques et techniques ; services d'essais et d'analyses techniques ;
13. Services de publicité ;
14. Services de nettoyage de bâtiments et services de gestion de propriétés ;
15. Services de publication et d'impression ;
16. Services de voirie et d'enlèvement des ordures, services d'assainissement et services analogues.

Article 30

I. – Les marchés et les accords-cadres ayant pour objet des prestations de services qui ne sont pas mentionnées à l'article 29 peuvent être passés, quel que soit leur montant, selon une procédure adaptée, dans les conditions prévues par l'article 28.

II. – Toutefois :

1° Les dispositions du III de l'article 40 ne sont pas applicables ;

2° Lorsque le montant estimé des prestations demandées est égal ou supérieur à 206 000 € HT, elles sont définies conformément aux dispositions de l'article 6 et le marché fait l'objet d'un avis d'attribution dans les conditions fixées à l'article 85 ;

3° Les marchés d'un montant égal ou supérieur à 206 000 € HT sont attribués par la commission d'appel d'offres pour les collectivités territoriales ;

4° Le pouvoir adjudicateur veille au respect des principes déontologiques et des réglementations applicables, le cas échéant, aux professions concernées ;

5° Les marchés de services juridiques ne sont pas soumis aux dispositions du titre IV de la présente partie. En outre, ceux de ces marchés qui ont pour objet la représentation d'une collectivité territoriale en vue du règlement d'un litige ne sont pas transmis au représentant de l'Etat.

III. – Lorsqu'un marché ou un accord-cadre a pour objet à la fois des prestations de services mentionnées à l'article 29 et des prestations de services qui n'y sont pas mentionnées, il est passé conformément aux règles qui s'appliquent à celle de ces deux catégories de prestations de services dont le montant estimé est le plus élevé.

Section 5. – Centrales d'achat

Article 31

Le pouvoir adjudicateur qui recourt à une centrale d'achat pour la réalisation de travaux ou pour l'acquisition de fournitures ou de services est considéré comme ayant respecté ses obligations de publicité et de mise en concurrence pour autant que la centrale d'achat est soumise, pour la totalité de ses achats, aux dispositions du présent code ou de l'ordonnance du 6 juin 2005 susmentionnée.

CHAPITRE III. – RÈGLES GÉNÉRALES DE PASSATION

Section 1. – Modalités de transmission des documents et des informations

Article 32

Les moyens de transmission des documents et des informations qui sont choisis par le pouvoir adjudicateur doivent être accessibles à tous les opérateurs économiques et ne peuvent avoir pour effet de restreindre l'accès des candidats à la procédure d'attribution.

Les transmissions, les échanges et le stockage d'informations sont effectués de manière à assurer l'intégrité des données et la confidentialité des candidatures et des offres et à garantir que le pouvoir adjudicateur ne prend connaissance du contenu des candidatures et des offres qu'à l'expiration du délai prévu pour la présentation de celles-ci.

Section 2. – Définition des procédures

Article 33

L'appel d'offres est la procédure par laquelle le pouvoir adjudicateur choisit l'attributaire, sans négociation, sur la base de critères objectifs préalablement portés à la connaissance des candidats.

L'appel d'offres peut être ouvert ou restreint.

L'appel d'offres est dit ouvert lorsque tout opérateur économique peut remettre une offre.

L'appel d'offres est dit restreint lorsque seuls peuvent remettre des offres les opérateurs économiques qui y ont été autorisés après sélection.

Le choix entre les deux formes d'appel d'offres est libre.

Article 34

Une procédure négociée est une procédure dans laquelle le pouvoir adjudicateur négocie les conditions du marché avec un ou plusieurs opérateurs économiques.

Article 35

Les pouvoirs adjudicateurs peuvent passer des marchés négociés dans les cas définis ci-dessous.

I. – Peuvent être négociés après publicité préalable et mise en concurrence :

1° Les marchés et les accords-cadres pour lesquels, après appel d'offres ou dialogue compétitif, il n'a été proposé que des offres irrégulières ou inacceptables que le pouvoir adjudicateur est tenu de rejeter. Une offre irrégulière est une offre qui, tout en apportant une réponse au besoin du pouvoir adjudicateur, est incomplète ou ne respecte pas les exigences formulées dans l'avis d'appel public à la concurrence ou dans les documents de la consultation. Une offre est inacceptable si les conditions qui sont prévues pour son exécution méconnaissent la législation en vigueur, ou si les crédits budgétaires alloués au marché après évaluation du besoin à satisfaire ne permettent pas au pouvoir adjudicateur de la financer.

Les conditions initiales du marché ne doivent toutefois pas être substantiellement modifiées.

Le pouvoir adjudicateur est dispensé de procéder à une nouvelle mesure de publicité s'il ne fait participer à la négociation que le ou les candidats qui, lors de la procédure antérieure, ont soumis des offres respectant les exigences relatives aux délais et modalités formelles de présentation des offres ;

2° Les marchés et les accords-cadres de services, notamment les marchés de services financiers mentionnés au 6° de l'article 29 et les marchés de prestations intellectuelles telles que la conception d'ouvrage, lorsque la prestation de services à réaliser est d'une nature telle que les spécifications du marché ne peuvent être établies préalablement avec une précision suffisante pour permettre le recours à l'appel d'offres ;

3° Les marchés et les accords-cadres de travaux qui sont conclus uniquement à des fins de recherche, d'essai, d'expérimentation ou de mise au point sans finalité commerciale immédiate ;

4° Dans des cas exceptionnels, lorsqu'il s'agit de travaux, de fournitures ou de services dont la nature ou les aléas qui peuvent affecter leur réalisation ne permettent pas une fixation préalable et globale des prix ;

II. – Peuvent être négociés sans publicité préalable et sans mise en concurrence :

1° Les marchés et les accords-cadres conclus pour faire face à une urgence impérieuse résultant de circonstances imprévisibles pour le pouvoir adjudicateur et n'étant pas de son fait, et dont les conditions de passation ne sont pas compatibles avec les délais exigés par les procédures d'appel d'offres ou de marchés négociés avec publicité et mise en concurrence préalable, et notamment les marchés conclus pour faire face à des situations d'urgence impérieuse liées à une catastrophe technologique ou naturelle. Peuvent également être conclus selon cette procédure les marchés rendus nécessaire pour l'exécution d'office, en urgence, des travaux réalisés par des pouvoirs adjudicateurs en application des articles L. 1311-4, L. 1331-24, L. 1331-26-1, L. 1331-28, L. 1331-29 et L. 1334-2 du code de la santé publique et des articles L. 123-3, L. 129-2, L. 129-3, L. 511-2 et L. 511-3 du code de la construction et de l'habitation. Ces marchés sont limités aux prestations strictement nécessaires pour faire face à la situation d'urgence.

Par dérogation aux dispositions du chapitre V du titre II de la première partie du présent code, lorsque l'urgence impérieuse est incompatible avec la préparation des documents constitutifs du marché, la passation du marché est confirmée par un échange de lettres ;

2° Les marchés et les accords-cadres de fournitures concernant des produits fabriqués uniquement à des fins de recherche, d'essai, d'expérimentation, d'étude ou de développement, sans objectif de rentabilité ou de récupération des coûts de recherche et de développement ;

3° Les marchés et les accords-cadres passés selon la procédure de l'appel d'offres, pour lesquels aucune candidature ou aucune offre n'a été déposée ou pour lesquels seules des offres inappropriées ont été déposées, pour autant que les conditions initiales du marché ne soient pas substantiellement modifiées et qu'un rapport soit communiqué, à sa demande, à la Commission européenne. Est inappropriée une offre qui apporte une réponse sans rapport avec le besoin du pouvoir adjudicateur et qui peut en conséquence être assimilée à une absence d'offre ;

4° Les marchés complémentaires de fournitures, qui sont exécutés par le fournisseur initial et qui sont destinés soit au renouvellement partiel de fournitures ou d'installations d'usage courant, soit à l'extension d'installations existantes, lorsque le changement de fournisseur obligerait le pouvoir adjudicateur à acquérir un matériel de technique différente entraînant une incompatibilité avec le matériel déjà acquis ou des difficultés techniques d'utilisation et d'entretien disproportionnées. La durée de ces marchés complémentaires, périodes de reconduction comprises, ne peut dépasser trois ans. Le montant total du marché, livraisons complémentaires comprises, ne peut être égal ou supérieur aux seuils fixés au II de l'article 26, sauf si le marché a été passé initialement par appel d'offres et a fait l'objet d'un avis d'appel public à la concurrence publié au *Journal officiel* de l'Union européenne ;

5° Les marchés complémentaires de services ou de travaux qui consistent en des prestations qui ne figurent pas dans le marché initialement conclu mais qui sont devenues nécessaires, à la suite d'une circonstance imprévue, à l'exécution du service ou à la réalisation de l'ouvrage tel qu'il est décrit dans le marché initial, à condition que l'attribution soit faite à l'opérateur économique qui a exécuté ce service ou réalisé cet ouvrage :

a) Lorsque ces services ou travaux complémentaires ne peuvent être techniquement ou économiquement séparés du marché principal sans inconvénient majeur pour le pouvoir adjudicateur ;

b) Lorsque ces services ou travaux, quoiqu'ils soient séparables de l'exécution du marché initial, sont strictement nécessaires à son parfait achèvement.

Le montant cumulé de ces marchés complémentaires ne doit pas dépasser 50 % du montant du marché principal ;

6° Les marchés de services ou de travaux ayant pour objet la réalisation de prestations similaires à celles qui ont été confiées au titulaire d'un marché précédent passé après mise en concurrence.

Le premier marché doit avoir indiqué la possibilité de recourir à cette procédure pour la réalisation de prestations similaires. Sa mise en concurrence doit également avoir pris en compte le montant total envisagé, y compris celui des nouveaux services ou travaux. La durée pendant laquelle les nouveaux marchés peuvent être conclus ne peut dépasser trois ans à compter de la notification du marché initial ;

7° Les marchés et les accords-cadres de services qui sont attribués à un ou plusieurs lauréats d'un concours. Lorsqu'il y a plusieurs lauréats, ils sont tous invités à négocier ;

8° Les marchés et les accords-cadres qui ne peuvent être confiés qu'à un opérateur économique déterminé pour des raisons techniques, artistiques ou tenant à la protection de droits d'exclusivité ;

9° Les marchés et les accords-cadres ayant pour objet l'achat de matières premières cotées et achetées en bourse ;

10° Les marchés et les accords-cadres ayant pour objet l'achat de fournitures à des conditions particulièrement avantageuses, soit auprès d'un fournisseur en cessation définitive d'activité, soit auprès des liquidateurs d'une faillite ou d'une procédure de même nature.

Article 36

La procédure de dialogue compétitif est une procédure dans laquelle le pouvoir adjudicateur conduit un dialogue avec les candidats admis à y participer en vue de définir ou de développer une ou plusieurs solutions de nature à répondre à ses besoins et sur la base de laquelle ou desquelles les participants au dialogue seront invités à remettre une offre.

Le recours à la procédure de dialogue compétitif est possible lorsqu'un marché public est considéré comme complexe, c'est-à-dire lorsque l'une au moins des conditions suivantes est remplie :

1° Le pouvoir adjudicateur n'est objectivement pas en mesure de définir seul et à l'avance les moyens techniques pouvant répondre à ses besoins ;

2° Le pouvoir adjudicateur n'est objectivement pas en mesure d'établir le montage juridique ou financier d'un projet.

Article 37

Un marché de conception-réalisation est un marché de travaux qui permet au pouvoir adjudicateur de confier à un groupement d'opérateurs économiques ou, pour les seuls ouvrages d'infrastructure, à un seul opérateur économique, une mission portant à la fois sur l'établissement des études et l'exécution des travaux.

Les pouvoirs adjudicateurs soumis aux dispositions de la loi du 12 juillet 1985 susmentionnée ne peuvent, en application du I de l'article 18 de cette loi, recourir à un marché de conception-réalisation, quel qu'en soit le montant, que si des motifs d'ordre technique rendent nécessaire l'association de l'entrepreneur aux études de l'ouvrage. Ces motifs sont liés à la destination ou à la mise en œuvre technique de l'ouvrage. Sont concernées des opérations dont la finalité majeure est une production dont le processus conditionne la conception, la réalisation et la mise en œuvre ainsi que des opérations dont les caractéristiques, telles que des dimensions exceptionnelles ou des difficultés techniques particulières, exigent de faire appel aux moyens et à la technicité propres des opérateurs économiques.

Article 38

Le concours est la procédure par laquelle le pouvoir adjudicateur choisit, après mise en concurrence et avis du jury mentionné à l'article 24, un plan ou un projet, notamment dans le domaine de l'aménagement du territoire, de l'urbanisme, de l'architecture et de l'ingénierie ou des traitements de données, avant d'attribuer à l'un des lauréats du concours un marché.

Le concours peut être ouvert ou restreint.

Les participants au concours sont indemnisés selon des modalités prévues par le règlement du concours.

Section 3. – Organisation de la publicité

Article 39

I. – A partir du seuil de 750 000 € HT pour les fournitures et les services et de 5 150 000 € HT pour les travaux, un avis de préinformation, conforme au modèle fixé par le règlement (CE) n° 1564/2005 de la Commission du 7 septembre 2005 établissant les formulaires standard pour la publication d'avis dans le cadre des procédures de passation de marchés publics conformément aux directives 2004/17/CE et 2004/18/CE du Parlement européen et du Conseil, peut être soit adressé pour publication à l'Office des publications officielles de l'Union européenne, soit publié sur le profil d'acheteur du pouvoir adjudicateur. Le profil d'acheteur du pouvoir adjudicateur est le site dématérialisé auquel il a recours pour ses achats.

Le pouvoir adjudicateur qui publie l'avis de préinformation sur son profil d'acheteur envoie au préalable, par voie électronique, à l'Office des publications officielles de l'Union européenne, un avis annonçant la publication de cet avis. La date de cet envoi est mentionnée sur l'avis de préinformation publié sur le profil d'acheteur.

II. – La publication d'un avis de préinformation n'est obligatoire que pour le pouvoir adjudicateur qui entend recourir à la faculté de réduire les délais de réception des offres en application du II de l'article 57 et du II de l'article 62.

III. – Pour les marchés de fournitures et de services, cet avis indique le montant total estimé des marchés ou des accords-cadres, pour chacune des catégories de produits ou de services homogènes, que le pouvoir adjudicateur envisage de passer au cours des douze mois suivants la publication de l'avis.

S'il concerne des fournitures ou des services à acquérir durant un exercice budgétaire, cet avis est adressé ou publié sur le profil d'acheteur le plus rapidement possible après le début de cet exercice budgétaire.

IV. – Pour les marchés de travaux, l'avis indique les caractéristiques essentielles des marchés ou des accords-cadres que le pouvoir adjudicateur entend passer.

L'avis est adressé ou publié sur le profil d'acheteur le plus rapidement possible après la décision de réaliser un programme de travaux, dans lequel s'inscrivent les marchés de travaux ou les accords-cadres que les pouvoirs adjudicateurs entendent passer.

Article 40

I. – En dehors des exceptions prévues au quatrième alinéa de l'article 28 ainsi qu'au II de l'article 35, tout marché ou accord-cadre d'un montant égal ou supérieur à 20 000 € HT est précédé d'une publicité, dans les conditions définies ci-après.

II. – Pour les achats de fournitures, de services et de travaux d'un montant compris entre 20 000 € HT et 90 000 € HT, ainsi que pour les achats de services relevant du I de l'article 30 d'un montant égal ou supérieur à 20 000 € HT, le pouvoir adjudicateur choisit librement les modalités de publicité adaptées en fonction des caractéristiques du marché, notamment le montant et la nature des travaux, des fournitures ou des services en cause.

III. – En ce qui concerne les fournitures et les services :

1° Pour les achats d'un montant compris entre 90 000 € HT et 133 000 € HT pour l'Etat ou 206 000 € HT pour les collectivités territoriales, le pouvoir adjudicateur est tenu de publier un avis d'appel public à la concurrence soit dans le *Bulletin officiel des annonces des marchés publics,* soit dans un journal habilité à recevoir des annonces légales. Le pouvoir adjudicateur apprécie de plus si, compte tenu de la nature ou du montant des fournitures ou des services en cause, une publication dans un journal spécialisé correspondant au secteur économique concerné est par ailleurs nécessaire pour assurer une publicité conforme aux principes mentionnés à l'article 1er. A compter du 1er janvier 2010, il publie en outre cet avis sur son profil d'acheteur.

2° Pour les achats d'un montant égal ou supérieur à 133 000 € HT pour l'Etat et 206 000 € HT pour les collectivités territoriales, le pouvoir adjudicateur est tenu de publier un avis d'appel public à la concurrence dans le *Bulletin officiel des annonces des marchés publics* et au *Journal officiel* de l'Union européenne, ainsi que, à compter du 1er janvier 2010, sur son profil d'acheteur.

IV. – En ce qui concerne les travaux :

1° Pour les achats d'un montant compris entre 90 000 € HT et 5 150 000 € HT, le pouvoir adjudicateur est tenu de publier un avis d'appel public à la concurrence soit dans le *Bulletin officiel des annonces des marchés publics,* soit dans un journal habilité à recevoir des annonces légales. Le pouvoir adjudicateur apprécie de plus si, compte tenu de la nature ou du montant des travaux en cause, une publication dans un journal spécialisé correspondant au secteur économique concerné est par ailleurs nécessaire pour assurer une publicité conforme aux principes mentionnés à l'article 1er. A compter du 1er janvier 2010, il publie en outre cet avis sur son profil d'acheteur.

2° Pour les achats d'un montant égal ou supérieur à 5 150 000 € HT, le pouvoir adjudicateur est tenu de publier un avis d'appel public à la concurrence dans le *Bulletin officiel des annonces des marchés publics* et au *Journal officiel* de l'Union européenne, ainsi que, à compter du 1er janvier 2010, sur son profil d'acheteur.

V. – Les avis d'appel public à la concurrence mentionnés au 2° du III et au 2° du IV sont établis pour la publication au *Journal officiel* de l'Union européenne conformément au modèle fixé par le règlement (CE) n° 1564/2005 susmentionné. Ces avis sont conformes au modèle prévu par arrêté du ministre chargé de l'économie lorsqu'ils sont établis pour la publication au *Bulletin officiel des annonces des marchés publics*. Le pouvoir adjudicateur n'est pas tenu d'y faire figurer une estimation du prix des prestations attendues. Le pouvoir adjudicateur peut choisir de faire paraître, en plus de ces avis, un avis d'appel public à la concurrence dans une autre publication, dans des conditions précisées par un arrêté du ministre chargé de l'économie.

Les avis d'appel public à la concurrence mentionnés au 1° du III et au 1° du IV sont établis conformément au modèle fixé par arrêté du ministre chargé de l'économie. Le pouvoir adjudicateur n'est pas tenu d'y faire figurer une estimation du prix des prestations attendues.

VI. – Pour les marchés passés dans le cadre d'un système d'acquisition dynamique, l'avis d'appel public à la concurrence est un avis de marché simplifié établi pour publication au *Journal officiel* de l'Union européenne conformément au modèle fixé par le règlement (CE) n° 1564/2005 susmentionné.

VII. – Les avis destinés au *Bulletin officiel des annonces des marchés publics* sont envoyés par téléprocédure.

Le *Bulletin officiel des annonces des marchés publics* est tenu de publier les avis d'appel public à la concurrence, conformément au texte transmis, dans les six jours qui suivent la date de leur réception.

Lorsque la Direction des Journaux officiels est dans l'impossibilité de publier l'édition du *Bulletin officiel des annonces des marchés publics* dans sa version imprimée, elle peut se borner à la publier, à titre temporaire, sous sa forme électronique. Dans ce cas, elle avertit immédiatement les abonnés à la version imprimée de ce bulletin de l'interruption temporaire de sa parution.

VIII. – La publication des avis dans le *Bulletin officiel des annonces des marchés publics* ou sur tout autre support publicitaire ne peut intervenir avant l'envoi à l'Office des publications officielles de l'Union européenne.

Ces avis ne peuvent fournir plus de renseignements que ceux qui sont contenus dans les avis adressés à l'Office précité ou publiés sur un profil d'acheteur. Ils mentionnent la date d'envoi de l'avis à cet office.

IX. – Le pouvoir adjudicateur doit être en mesure de faire la preuve de la date d'envoi des avis. + Art 40.1 Decret du 27/11/05

Section 4. – Information des candidats

Article 41

Les documents de la consultation sont constitués de l'ensemble des documents et informations préparées par le pouvoir adjudicateur pour définir l'objet, les caractéristiques et les conditions d'exécution du marché ou de l'accord-cadre.

Ces documents nécessaires à la consultation des candidats à un marché ou à un accord-cadre leur sont remis gratuitement. Toutefois, le pouvoir adjudicateur peut décider que ces documents leur sont remis contre paiement des frais de reprographie. Le montant et les modalités de paiement de ces frais figurent dans l'avis d'appel public à la concurrence ou dans les documents de la consultation.

A compter du 1er janvier 2010, pour les achats de fournitures, de services et de travaux d'un montant supérieur à 90 000 € HT, les documents de la consultation sont publiés sur un profil d'acheteur, selon les modalités fixées par arrêté du ministre chargé de l'économie.

Article 42

Les marchés et accords-cadres passés après mise en concurrence font l'objet d'un règlement de la consultation qui est un des documents de la consultation. Ce règlement est facultatif si les mentions qui doivent y être portées figurent dans l'avis d'appel public à la concurrence.

Pour les marchés passés selon une procédure adaptée, le règlement de la consultation peut se limiter aux caractéristiques principales de la procédure et du choix de l'offre.

Section 5. – Interdictions de soumissionner

Article 43

Les interdictions de soumissionner aux marchés et accords-cadres soumis au présent code s'appliquent conformément aux dispositions de l'article 38 de l'ordonnance du 6 juin 2005 susmentionnée et de l'article 29 de la loi n° 2005-102 du 11 février 2005 pour l'égalité des droits et des chances, la participation et la citoyenneté des personnes handicapées.

Section 6. – Présentation des documents et renseignements fournis par les candidats

Article 44

Le candidat produit à l'appui de sa candidature :

1° La copie du ou des jugements prononcés, s'il est en redressement judiciaire ;

2° Une déclaration sur l'honneur pour justifier qu'il n'entre dans aucun des cas mentionnés à l'article 43 ;

3° Les documents et renseignements demandés par le pouvoir adjudicateur dans les conditions fixées à l'article 45.

Article 45

I. – Le pouvoir adjudicateur ne peut exiger des candidats que des renseignements ou documents permettant d'évaluer leur expérience, leurs capacités professionnelles, techniques et financières ainsi que des documents relatifs aux pouvoirs des personnes habilitées à les engager. En ce qui concerne les marchés passés pour les besoins de la défense, le pouvoir adjudicateur peut également exiger des renseignements relatifs à leur nationalité et, si l'objet ou les conditions du marché le justifient, à leur habilitation préalable, ou leur demande d'habilitation préalable, en application du décret n° 98-608 du 17 juillet 1998 relatif à la protection des secrets de la défense nationale.

La liste de ces renseignements et documents est fixée par arrêté du ministre chargé de l'économie.

Lorsque le pouvoir adjudicateur décide de fixer des niveaux minimaux de capacité, il ne peut être exigé des candidats que des niveaux minimaux de capacité liés et proportionnés à l'objet du marché. Les documents, renseignements et les niveaux minimaux de capacité demandés sont précisés dans l'avis d'appel public à la concurrence ou, en l'absence d'un tel avis, dans les documents de la consultation.

Une même personne ne peut représenter plus d'un candidat pour un même marché.

II. – Le pouvoir adjudicateur peut demander aux opérateurs économiques qu'ils produisent des certificats de qualité. Ces certificats, délivrés par des organismes indépendants, sont fondés sur les normes européennes.

Pour les marchés qui le justifient, le pouvoir adjudicateur peut exiger la production de certificats, établis par des organismes indépendants, et attestant leur capacité à exécuter le marché.

Pour les marchés de travaux et de services dont l'exécution implique la mise en œuvre de mesures de gestion environnementale, ces certificats sont fondés sur le système communautaire de management environnemental et d'audit (EMAS) ou sur les normes européennes ou internationales de gestion environnementale.

Dans les cas prévus aux trois alinéas précédents, le pouvoir adjudicateur accepte tout moyen de preuve équivalent ainsi que les certificats équivalents d'organismes établis dans d'autres Etats membres.

III. – Pour justifier de ses capacités professionnelles, techniques et financières, le candidat, même s'il s'agit d'un groupement, peut demander que soient également prises en compte les capacités professionnelles, techniques et financières d'autres opérateurs économiques, quelle que soit la nature juridique des liens existant entre ces opérateurs et lui. Dans ce cas, il justifie des capacités de ce ou ces opérateurs économiques et apporte la preuve qu'il en disposera pour l'exécution du marché.

Si le candidat est objectivement dans l'impossibilité de produire, pour justifier de sa capacité financière, l'un des renseignements ou documents prévus par l'arrêté mentionné au I et demandés par le pouvoir adjudicateur, il peut prouver sa capacité par tout autre document considéré comme équivalent par le pouvoir adjudicateur.

IV. – Peuvent également être demandés, le cas échéant, des renseignements sur le respect de l'obligation d'emploi mentionnée aux articles L. 5212-1 à L. 5212-4 du code du travail.

V. – Le pouvoir adjudicateur peut exiger que les candidats joignent une traduction en français, certifiée conforme à l'original par un traducteur assermenté, aux documents rédigés dans une autre langue qu'ils remettent en application du présent article.

Article 46

I. – Le candidat auquel il est envisagé d'attribuer le marché produit en outre :

1° Les pièces prévues aux articles D. 8222-5 ou D. 8222-7 et D. 8222-8 du code du travail ; ces pièces sont à produire tous les six mois jusqu'à la fin de l'exécution du marché ;

2° Les attestations et certificats délivrés par les administrations et organismes compétents prouvant qu'il a satisfait à ses obligations fiscales et sociales. Un arrêté des ministres intéressés fixe la liste des administrations et organismes compétents ainsi que la liste des impôts et cotisations sociales devant donner lieu à délivrance du certificat.

II. – Afin de satisfaire aux obligations fixées au 2° du I, le candidat établi dans un Etat autre que la France produit un certificat établi par les administrations et organismes du pays d'origine. Lorsqu'un tel certificat n'est pas délivré par le pays concerné, il peut être remplacé par une déclaration sous serment, ou dans les Etats où un tel serment n'existe pas, par une déclaration solennelle faite par l'intéressé devant l'autorité judiciaire ou administrative compétente, un notaire ou un organisme professionnel qualifié du pays.

III. – Le marché ne peut être attribué au candidat dont l'offre a été retenue que si celui-ci produit dans le délai imparti les certificats et attestations prévus au I et au II. S'il ne peut produire ces documents dans le délai imparti, son offre est rejetée et le candidat éliminé.

Le candidat dont l'offre a été classée immédiatement après la sienne est sollicité pour produire les certificats et attestations nécessaires avant que le marché ne lui soit attribué. Si nécessaire, cette procédure peut être reproduite tant qu'il subsiste des offres qui n'ont pas été écartées au motif qu'elles sont inappropriées, irrégulières ou inacceptables.

IV. – Le pouvoir adjudicateur peut exiger que les candidats joignent une traduction en français, certifiée conforme à l'original par un traducteur assermenté, aux documents rédigés dans une autre langue qu'ils remettent en application du présent article.

Article 47

Après signature du marché, en cas d'inexactitude des documents et renseignements mentionnés à l'article 44 et à l'article 46 ou de refus de produire les pièces prévues aux articles D. 8222-5 ou D. 8222-7 et D. 8222-8 du code du travail conformément au 1° du I de l'article 46, il est fait application aux torts du titulaire des conditions de résiliation prévues par le marché.

Section 7. – Présentation des offres

Article 48

I. – Les offres sont présentées sous la forme de l'acte d'engagement défini à l'article 11. Lorsqu'elles sont transmises par voie électronique, la signature de l'acte d'engagement est présentée selon les modalités prévues par un arrêté du ministre chargé de l'économie.

Sans préjudice des dispositions prévues à l'article 56 relatives à la copie de sauvegarde, les offres sont transmises en une seule fois. Si plusieurs offres sont successivement transmises par un même candidat, seule est ouverte la dernière offre reçue, par voie électronique ou sur support matériel, par le pouvoir adjudicateur dans le délai fixé pour la remise des offres.

II. – Dans l'avis d'appel public à la concurrence ou dans les documents de la consultation, le pouvoir adjudicateur peut demander aux candidats d'indiquer dans leur offre la part du marché qu'ils ont l'intention de sous-traiter à des tiers, notamment à des petites et moyennes entreprises telles que définies par l'article 8 de l'ordonnance n° 2004-559 du 17 juin 2004 sur les contrats de partenariat, ou à des artisans.

Article 49

Quel que soit le montant du marché, le pouvoir adjudicateur peut exiger que les offres soient accompagnées d'échantillons, de maquettes ou de prototypes concernant l'objet du marché ainsi que d'un devis descriptif et estimatif détaillé comportant toutes indications permettant d'apprécier les propositions de prix. Ce devis n'a pas de valeur contractuelle, sauf disposition contraire insérée dans le marché. Lorsque ces demandes impliquent un investissement significatif pour les candidats, elles donnent lieu au versement d'une prime.

Article 50

Lorsque le pouvoir adjudicateur se fonde sur plusieurs critères pour attribuer le marché, il peut autoriser les candidats à présenter des variantes.

Le pouvoir adjudicateur indique dans l'avis d'appel public à la concurrence ou dans les documents de la consultation s'il autorise ou non les variantes ; à défaut d'indication, les variantes ne sont pas admises.

Les documents de la consultation mentionnent les exigences minimales que les variantes doivent respecter ainsi que les modalités de leur présentation. Seules les variantes répondant à ces exigences minimales peuvent être prises en considération.

Les variantes sont proposées avec l'offre de base.

Pour les marchés de fournitures ou de services, une variante ne peut être rejetée au seul motif qu'elle aboutirait, si elle était retenue, respectivement soit à un marché de services au lieu d'un marché de fournitures, soit à un marché de fournitures au lieu d'un marché de services.

Section 8. – Les groupements d'opérateurs économiques

Article 51

I. – Les opérateurs économiques sont autorisés à se porter candidat sous forme de groupement solidaire ou de groupement conjoint, sous réserve du respect des règles relatives à la concurrence.

Le groupement est conjoint lorsque chacun des opérateurs économiques membres du groupement s'engage à exécuter la ou les prestations qui sont susceptibles de lui être attribuées dans le marché.

Le groupement est solidaire lorsque chacun des opérateurs économiques membres du groupement est engagé financièrement pour la totalité du marché.

II. – Dans les deux formes de groupements, l'un des opérateurs économiques membres du groupement, désigné dans l'acte d'engagement comme mandataire, représente l'ensemble des membres vis-à-vis du pouvoir adjudicateur, et coordonne les prestations des membres du groupement.

Si le marché le prévoit, le mandataire du groupement conjoint est solidaire, pour l'exécution du marché, de chacun des membres du groupement pour ses obligations contractuelles à l'égard du pouvoir adjudicateur.

III. – En cas de groupement conjoint, l'acte d'engagement est un document unique qui indique le montant et la répartition détaillée des prestations que chacun des membres du groupement s'engage à exécuter.

En cas de groupement solidaire, l'acte d'engagement est un document unique qui indique le montant total du marché et l'ensemble des prestations que les membres du groupement s'engagent solidairement à réaliser.

IV. – Les candidatures et les offres sont présentées soit par l'ensemble des opérateurs économiques groupés, soit par le mandataire s'il justifie des habilitations nécessaires pour représenter ces opérateurs économiques au stade de la passation du marché. Un même opérateur économique ne peut pas être mandataire de plus d'un groupement pour un même marché.

L'acte d'engagement est signé soit par l'ensemble des entreprises groupées, soit par le mandataire s'il justifie des habilitations nécessaires pour représenter ces entreprises.

V. – La composition du groupement ne peut être modifiée entre la date de remise des candidatures et la date de signature du marché. Toutefois, si le groupement apporte la preuve qu'un de ses membres est mis en liquidation judiciaire ou qu'il se trouve dans l'impossibilité d'accomplir sa tâche pour des raisons qui ne sont pas de son fait, il peut demander au pouvoir adjudicateur l'autorisation de continuer à participer à la procédure de passation sans cet opérateur défaillant, en proposant le cas échéant à l'acceptation du pouvoir adjudicateur un ou plusieurs sous-traitants. Le pouvoir adjudicateur se prononce sur cette demande après examen de la capacité professionnelle, technique et financière de l'ensemble des membres du groupement ainsi transformé et, le cas échéant, des sous-traitants présentés à son acceptation.

VI. – L'avis d'appel public à la concurrence ou le règlement de la consultation peut interdire aux candidats de présenter pour le marché ou certains de ses lots plusieurs offres en agissant à la fois :

1° En qualité de candidats individuels et de membres d'un ou plusieurs groupements ;

2° En qualité de membres de plusieurs groupements.

VII. – Le passage d'un groupement d'une forme à une autre ne peut être exigé pour la présentation de l'offre, mais le groupement peut être contraint d'assurer cette transformation lorsque le marché lui a été attribué, si cette transformation est nécessaire pour la bonne exécution du marché. Dans ce cas, la forme imposée après attribution est mentionnée dans l'avis d'appel public à la concurrence ou dans le règlement de la consultation.

Section 9. – Examen des candidatures et des offres

Sous-section 1. – Sélection des candidatures

Article 52

I. – Avant de procéder à l'examen des candidatures, le pouvoir adjudicateur qui constate que des pièces dont la production était réclamée sont absentes ou incomplètes peut demander à tous les candidats concernés de compléter leur dossier de candidature dans un délai identique pour tous et qui ne saurait être supérieur à dix jours. Il en informe les autres candidats qui ont la possibilité de compléter leur candidature dans le même délai.

Les candidats qui ne peuvent soumissionner à un marché en application des dispositions de l'article 43 ou qui, le cas échéant après mise en œuvre des dispositions du premier alinéa, produisent des dossiers de candidature ne comportant pas les pièces mentionnées aux articles 44 et 45 ne sont pas admis à participer à la suite de la procédure de passation du marché.

Les candidatures qui n'ont pas été écartées en application des dispositions de l'alinéa précédent sont examinées au regard des niveaux de capacités professionnelles, techniques et financières mentionnées dans l'avis d'appel public à la concurrence, ou, s'il s'agit d'une procédure dispensée de l'envoi d'un tel avis, dans le règlement de la consultation. Les candidatures qui ne satisfont pas à ces niveaux de capacité sont éliminées.

L'absence de références relatives à l'exécution de marchés de même nature ne peut justifier l'élimination d'un candidat et ne dispense pas le pouvoir adjudicateur d'examiner les capacités professionnelles, techniques et financières des candidats.

L'appréciation des capacités professionnelles, techniques et financières d'un groupement est globale. Il n'est pas exigé que chaque membre du groupement ait la totalité des compétences techniques requises pour l'exécution du marché.

II. – Lorsque le pouvoir adjudicateur décide de limiter le nombre des candidats admis à présenter une offre, il procède à la sélection de ces candidats en appliquant aux candidatures retenues conformément au I des critères de sélection non discriminatoires et liés à l'objet du marché relatifs à leurs capacités professionnelles, techniques et financières. Ces critères sont mentionnés dans l'avis d'appel public à la concurrence, ou, s'il s'agit d'une procédure dispensée de l'envoi d'un tel avis, dans le règlement de la consultation.

Sous-section 2. – Attribution des marchés

Article 53

I. – Pour attribuer le marché au candidat qui a présenté l'offre économiquement la plus avantageuse, le pouvoir adjudicateur se fonde :

1° Soit sur une pluralité de critères non discriminatoires et liés à l'objet du marché, notamment la qualité, le prix, la valeur technique, le caractère esthétique et fonctionnel, les performances en matière de protection de l'environnement, les performances en matière d'insertion professionnelle des publics en difficulté, le coût global d'utilisation, la rentabilité, le caractère innovant, le service après-vente et l'assistance technique, la date de livraison, le délai de livraison ou d'exécution. D'autres critères peuvent être pris en compte s'ils sont justifiés par l'objet du marché ;

2° Soit, compte tenu de l'objet du marché, sur un seul critère, qui est celui du prix.

II. – Pour les marchés passés selon une procédure formalisée autre que le concours et lorsque plusieurs critères sont prévus, le pouvoir adjudicateur précise leur pondération.

Le poids de chaque critère peut être exprimé par une fourchette dont l'écart maximal est approprié.

Le pouvoir adjudicateur qui estime pouvoir démontrer que la pondération n'est pas possible notamment du fait de la complexité du marché, indique les critères par ordre décroissant d'importance.

Les critères ainsi que leur pondération ou leur hiérarchisation sont indiqués dans l'avis d'appel public à la concurrence ou dans les documents de la consultation.

III. – Les offres inappropriées, irrégulières et inacceptables sont éliminées. Les autres offres sont classées par ordre décroissant. L'offre la mieux classée est retenue.

IV. – 1° Lors de la passation d'un marché, un droit de préférence est attribué, à égalité de prix ou à équivalence d'offres, à l'offre présentée par une société coopérative ouvrière de production, par un groupement de producteurs agricoles, par un artisan, une société coopérative d'artisans ou par une société coopérative d'artistes ou par des entreprises adaptées.

2° Lorsque les marchés portent, en tout ou partie, sur des prestations susceptibles d'être exécutées par des artisans ou des sociétés d'artisans ou des sociétés coopératives d'artisans ou des sociétés coopératives ouvrières de production ou des entreprises adaptées, les pouvoirs adjudicateurs contractants doivent, préalablement à la mise en concurrence, définir les travaux, fournitures ou services qui, à ce titre, et dans la limite du quart du montant de ces prestations, à équivalence d'offres, seront attribués de préférence à tous autres candidats, aux artisans ou aux sociétés coopératives d'artisans ou aux sociétés coopératives ouvrières de production ou à des entreprises adaptées.

3° Lorsque les marchés portent, en tout ou partie, sur des travaux à caractère artistique, la préférence, à égalité de prix ou à équivalence d'offres prévue au 2°, s'exerce jusqu'à concurrence de la moitié du montant de ces travaux, au profit des artisans d'art ou des sociétés coopératives d'artistes.

Sous-section 3. – Procédure de sélection des offres au moyen d'enchères électroniques

Article 54

I. – Une enchère électronique est une procédure de sélection des offres réalisée par voie électronique et permettant aux candidats de réviser leurs prix à la baisse et de modifier la valeur de certains autres éléments quantifiables de leur offre.

II. – Le pouvoir adjudicateur ne peut recourir à l'enchère électronique que pour les marchés de fournitures d'un montant supérieur aux seuils fixés au II de l'article 26.

Le pouvoir adjudicateur ne peut recourir à l'enchère électronique de façon abusive ou de manière à empêcher, restreindre ou fausser la concurrence ou de manière à modifier l'objet du marché.

III. – L'enchère électronique porte sur le prix, sur d'autres critères quantifiables ou à la fois sur le prix et d'autres critères quantifiables.

Elle intervient après une première évaluation complète des offres permettant que leur classement puisse être effectué sur la base d'un traitement automatisé.

IV. – Le pouvoir adjudicateur qui décide de recourir à une enchère électronique en fait mention dans l'avis d'appel public à la concurrence.

Les documents de la consultation comportent, au moins, les informations suivantes :

1° Les éléments quantifiés des offres sur lesquels porte l'enchère électronique ;

2° Le cas échéant, la variation minimale de ces éléments ;

3° La nature des informations qui seront communiquées aux candidats au cours de l'enchère électronique et le moment où elles le seront ;

4° Les informations pertinentes sur le déroulement de l'enchère électronique, notamment les conditions dans lesquelles les candidats pourront enchérir et les écarts minimaux qui, le cas échéant, seront exigés ;

5° Les informations pertinentes sur le dispositif électronique utilisé et sur les modalités et spécifications techniques de connexion ;

6° La durée de l'enchère.

V. – L'enchère électronique commence après que les offres ont été évaluées au regard des critères ne faisant pas l'objet de l'enchère.

Tous les candidats ayant présenté des offres qui n'ont pas été écartées au motif qu'elles sont inappropriées, irrégulières ou inacceptables sont invités simultanément par voie électronique à participer à l'enchère en présentant de nouveaux prix ou de nouvelles valeurs.

Lorsque le choix de l'attributaire du marché n'est pas fondé sur le seul critère du prix, l'invitation adressée à chaque candidat est accompagnée du résultat de l'évaluation de son offre réalisée en application du premier alinéa.

L'invitation mentionne également la formule mathématique qui déterminera lors de l'enchère électronique les reclassements automatiques en fonction des nouveaux prix ou des nouvelles valeurs présentés. Cette formule intègre la pondération de tous les critères fixés dans l'avis d'appel public à la concurrence ou dans les documents de la consultation pour déterminer l'offre économiquement la plus avantageuse.

Dans le cas où des variantes sont autorisées, des formules sont fournies séparément pour chaque variante.

VI. – L'enchère électronique peut se dérouler en plusieurs phases dans des conditions précisées dans les documents de la consultation. Elle ne peut débuter moins de deux jours ouvrables après la date d'envoi des invitations.

VII. – Les candidats sont informés instantanément de leur classement ou du résultat de la meilleure offre. Ils peuvent également être informés du nombre de candidats à l'enchère et, si les documents de la consultation le prévoient, des prix et valeurs proposés par les autres candidats. Cependant, en aucun cas, l'identité des candidats ne peut être divulguée pendant le déroulement des phases de l'enchère électronique.

VIII. – Le pouvoir adjudicateur clôt l'enchère électronique selon l'une des modalités suivantes :

1° Aux date et heure fixées dans l'invitation à participer à l'enchère ;

2° Lorsqu'il ne reçoit plus de nouvelles enchères dans les conditions prévues par l'invitation à participer à l'enchère ;

3° Lorsque toutes les phases de l'enchère, prévues dans l'invitation à participer à l'enchère, ont eu lieu.

IX. – Après la clôture de l'enchère électronique, le marché est attribué conformément au I de l'article 53, en fonction des résultats de l'enchère électronique et sous réserve que le candidat dont l'offre est retenue produise les certificats et attestations mentionnés aux I et II de l'article 46, dans les conditions fixées par le III du même article.

Sous-section 4. – Offres anormalement basses

Article 55

Si une offre paraît anormalement basse, le pouvoir adjudicateur peut la rejeter par décision motivée après avoir demandé par écrit les précisions qu'il juge utiles et vérifié les justifications fournies. Pour les collectivités territoriales et les établissements publics locaux, à l'exception des établissements publics de santé et des établissements publics sociaux ou médico-sociaux, c'est la commission d'appel d'offres qui rejette par décision motivée les offres dont le caractère anormalement bas est établi.

Peuvent être prises en considération des justifications tenant notamment aux aspects suivants :

1° Les modes de fabrication des produits, les modalités de la prestation des services, les procédés de construction ;

2° Les conditions exceptionnellement favorables dont dispose le candidat pour exécuter les travaux, pour fournir les produits ou pour réaliser les prestations de services ;

3° L'originalité de l'offre ;

4° Les dispositions relatives aux conditions de travail en vigueur là où la prestation est réalisée ;

5° L'obtention éventuelle d'une aide d'Etat par le candidat.

Une offre anormalement basse du fait de l'obtention d'une aide d'Etat ne peut être rejetée que si le candidat n'est pas en mesure d'apporter la preuve que cette aide a été légalement accordée. Le pouvoir adjudicateur qui rejette une offre pour ce motif en informe la Commission européenne.

Section 10. – Communications et échanges d'informations par voie électronique

Article 56

I. – Dans toutes les procédures de passation mentionnées au chapitre II du présent titre, les documents écrits mentionnés par le présent code peuvent être remplacés par un échange électronique ou par la production de supports physiques électroniques, selon les dispositions prévues au présent article.

Le pouvoir adjudicateur indique dans l'avis d'appel public à la concurrence ou, pour les marchés négociés sans publicité préalable, dans la lettre de consultation, le mode de transmission qu'il retient.

Les candidats appliquent le même mode de transmission à l'ensemble des documents qu'ils adressent au pouvoir adjudicateur.

Pour les marchés ou les accords-cadres passés selon une procédure formalisée, et sous réserve de l'application du 1° du II et du VI ci-dessous, le pouvoir adjudicateur ne peut refuser de recevoir les documents adressés par les opérateurs économiques qui n'auraient pas respecté son choix.

II. – 1° A compter du 1er janvier 2010, le pouvoir adjudicateur peut imposer la transmission par voie électronique des documents mentionnés au I.

2° A compter de la même date, pour les achats de fournitures de matériels informatiques et de services informatiques d'un montant supérieur à 90 000 € HT, les documents requis des candidats sont transmis par voie électronique.

III. – A compter du 1er janvier 2012, pour les achats de fournitures, de services ou de travaux, d'un montant supérieur à 90 000 € HT, le pouvoir adjudicateur ne peut refuser de recevoir les documents requis des candidats qui sont transmis par voie électronique.

IV. – Dans les cas où la transmission électronique des offres est obligatoire et dans ceux où elle est une faculté donnée aux candidats, le pouvoir adjudicateur assure la confidentialité et la sécurité des transactions sur un réseau informatique accessible de façon non discriminatoire, selon des modalités fixées par arrêté du ministre chargé de l'économie. Dans le cas des marchés passés selon une procédure adaptée, ces modalités tiennent compte des caractéristiques du marché, notamment de la nature et du montant des travaux, fournitures ou services en cause.

Les frais d'accès au réseau sont à la charge de chaque candidat.

V. – Les candidats qui présentent leurs documents par voie électronique peuvent adresser au pouvoir adjudicateur, sur support papier ou support physique électronique, une copie de sauvegarde de ces documents établie selon des modalités fixées par arrêté du ministre chargé de l'économie. Cette copie ne peut être prise en considération que si elle est parvenue au pouvoir adjudicateur dans le délai prescrit pour le dépôt, selon le cas, des candidatures ou des offres.

VI. – A titre d'expérimentation, pour les marchés qu'il détermine, le pouvoir adjudicateur peut exiger la transmission des candidatures et des offres par voie électronique. Les conditions et modalités de mise en œuvre de cette expérimentation, qui prend fin au 1er janvier 2010, sont fixées par arrêté du ministre chargé de l'économie.

VII. – Dans le cadre des marchés passés selon les procédures de groupement prévues aux articles 7 et 8, le coordonnateur désigné par le groupement assume les obligations mises par les dispositions du présent article à la charge du pouvoir adjudicateur.

Dans le cas de candidatures groupées conformément à l'article 51, le mandataire assure la sécurité et l'authenticité des informations transmises au nom des membres du groupement.

CHAPITRE IV. – DÉFINITION ET DÉROULEMENT DES DIFFÉRENTES PROCÉDURES DE MARCHÉS PUBLICS

Section 1. – Appel d'offres

Sous-section 1. – Appel d'offres ouvert

Article 57

I. – Un avis d'appel public à la concurrence est publié dans les conditions prévues à l'article 40.

II. – 1° Le délai de réception des offres ne peut être inférieur à cinquante-deux jours à compter de la date d'envoi de l'avis d'appel public à la concurrence. Ce délai minimal ne peut être réduit pour des motifs d'urgence ;

2° Ce délai minimal peut être ramené à vingt-deux jours lorsque trois conditions sont réunies :

a) L'avis de pré information prévu à l'article 39 a été publié ;

b) Cet avis a été envoyé à la publication cinquante-deux jours au moins et douze mois au plus avant la date d'envoi de l'avis d'appel public à la concurrence ;

c) Il contient les mêmes renseignements que ceux qui figurent dans l'avis d'appel public à la concurrence, pour autant que ces renseignements soient disponibles au moment de l'envoi de l'avis de préinformation ;

4° Les délais mentionnés aux 1° et 2° peuvent être réduits de sept jours lorsque l'avis d'appel public à la concurrence est envoyé par voie électronique ;

5° Le délai mentionné au 1° peut être réduit de cinq jours lorsque le pouvoir adjudicateur offre, par voie électronique et à compter de la publication de l'avis d'appel public à la concurrence, un accès libre, direct et complet aux documents de la consultation en indiquant dans le texte de l'avis l'adresse internet à laquelle ces documents peuvent être consultés ;

6° Les réductions de délais mentionnées aux 4° et 5° peuvent être cumulées sauf si le pouvoir adjudicateur a réduit le délai minimal à vingt-deux jours du fait de la publication d'un avis de préinformation en application du 2°.

III. – Lorsque les documents de la consultation ne sont pas accessibles par voie électronique, ils sont envoyés aux opérateurs économiques qui les demandent en temps utile dans les six jours qui suivent leur demande.

Les renseignements complémentaires sont envoyés aux opérateurs économiques qui les demandent en temps utile, au plus tard six jours avant la date limite fixée pour la réception des offres.

IV. – Les délais minimaux mentionnés au II sont prolongés dans les hypothèses suivantes :

1° Lorsque les délais prévus au III ne peuvent être respectés ;

2° Lorsque les offres ne peuvent être déposées qu'à la suite d'une visite sur les lieux d'exécution du marché ou après consultation sur place de documents complémentaires.

Les candidats sont informés du nouveau délai ainsi fixé.

V. – Les dossiers des candidats sont transmis par tout moyen permettant de déterminer de façon certaine la date et l'heure de leur réception et d'en garantir la confidentialité. Ils comportent une enveloppe comprenant les documents relatifs à la candidature et à l'offre.

Article 58

I. – L'ouverture des plis n'est pas publique ; les candidats n'y sont pas admis.

Seuls peuvent être ouverts les plis qui ont été reçus au plus tard à la date et à l'heure limites qui ont été annoncées dans l'avis d'appel public à la concurrence.

Avant de procéder à l'examen des candidatures, le pouvoir adjudicateur qui constate que des pièces dont la production était réclamée sont absentes ou incomplètes, peut demander aux candidats de compléter leur dossier conformément aux dispositions du I de l'article 52.

II. – Au vu des seuls renseignements relatifs aux candidatures, les candidatures qui ne peuvent être admises en application des dispositions de l'article 52 sont éliminées. Cette élimination est effectuée par la commission d'appel d'offres pour les collectivités territoriales. Les candidats non retenus en sont informés conformément au I de l'article 80.

Les enveloppes contenant les offres des candidats éliminés leur sont rendues sans avoir été ouvertes.

III. – Les offres inappropriées au sens du 3° du II de l'article 35 ainsi que les offres irrégulières ou inacceptables au sens du 1° du I de l'article 35 sont éliminées. Cette élimination est effectuée par la commission d'appel d'offres pour les collectivités territoriales.

Article 59

I. – Il ne peut y avoir de négociation avec les candidats. Il est seulement possible de demander aux candidats de préciser ou de compléter la teneur de leur offre.

II. – Après classement des offres finales conformément au III de l'article 53, l'offre économiquement la plus avantageuse est choisie en application du ou des critères annoncés dans l'avis d'appel public à la concurrence ou dans le règlement de la consultation. Ce choix est effectué par la commission d'appel d'offres pour les collectivités territoriales.

Il est possible, en accord avec le candidat retenu, de procéder à une mise au point des composantes du marché sans que ces modifications puissent remettre en cause les caractéristiques substantielles de l'offre ni le classement des offres.

Si le candidat dont l'offre a été retenue ne peut produire les attestations et certificats mentionnés aux I et II de l'article 46, son offre est rejetée et il est procédé conformément au III du même article.

Lorsque le candidat dont l'offre a été retenue produit les attestations et certificats mentionnés à l'alinéa précédent, les candidats dont l'offre n'a pas été retenue sont informés du rejet de celle-ci conformément au I de l'article 80.

Le marché est notifié et un avis d'attribution est publié.

III. – Lorsque aucune candidature ou aucune offre n'a été remise ou lorsqu'il n'a été proposé que des offres inappropriées au sens du 3° du II de l'article 35 ou des offres irrégulières ou inacceptables au sens du 1° du I de l'article 35, l'appel d'offres est déclaré sans suite ou infructueux. Cette déclaration est effectuée par la commission d'appel d'offres pour les collectivités territoriales. Les candidats qui ont remis un dossier au pouvoir adjudicateur en sont informés.

Lorsque l'appel d'offres est déclaré infructueux, il est possible de mettre en œuvre :

1° Soit un nouvel appel d'offres ou, si les conditions initiales du marché ne sont pas substantiellement modifiées, un marché négocié dans les conditions prévues au 3° du II de l'article 35 dans le cas d'offres inappropriées ou au 1° du I de l'article 35 dans le cas d'offres irrégulières ou inacceptables ;

2° Soit, s'il s'agit d'un lot qui remplit les conditions mentionnées au III de l'article 27, une procédure adaptée.

Pour les collectivités territoriales et les établissements publics locaux à l'exception des établissements publics de santé et des établissements publics sociaux et médico-sociaux, la commission d'appel d'offres choisit le type de procédure à mettre en œuvre.

IV. – A tout moment, la procédure peut être déclarée sans suite pour des motifs d'intérêt général. Les candidats en sont informés.

Sous-section 2. – Appel d'offres restreint

Article 60

I. – Un avis d'appel public à la concurrence est publié dans les conditions prévues à l'article 40.

Le pouvoir adjudicateur peut décider de limiter le nombre de candidats qui seront admis à présenter une offre. Il mentionne cette décision dans l'avis d'appel public à la concurrence. Il fixe dans cet avis un nombre minimum de candidats admis à présenter une offre et peut également fixer un nombre maximum. Ce nombre minimum ne peut être inférieur à cinq.

Lorsque le nombre de candidats satisfaisant aux critères de sélection des candidatures est inférieur au nombre minimum, le pouvoir adjudicateur peut continuer la procédure avec les seuls candidats sélectionnés.

II. – Le délai minimal de réception des candidatures, en réponse à un avis d'appel public à la concurrence, est de trente-sept jours, à compter de la date d'envoi de l'avis, ou de trente jours si l'avis a été envoyé par voie électronique.

En cas d'urgence ne résultant pas du fait du pouvoir adjudicateur, ce délai minimal peut être ramené à quinze jours ou à dix jours si l'avis a été envoyé par voie électronique.

III. – Les candidatures sont transmises par tout moyen permettant de déterminer de façon certaine la date et l'heure de leur réception et d'en garantir la confidentialité.

Article 61

I. – L'ouverture des plis n'est pas publique ; les candidats n'y sont pas admis.

Seuls peuvent être ouverts les plis qui ont été reçus au plus tard à la date et à l'heure limites qui ont été annoncées dans l'avis d'appel public à la concurrence.

Avant de procéder à l'examen des candidatures, le pouvoir adjudicateur qui constate que des pièces dont la production était réclamée sont absentes ou incomplètes, peut demander aux candidats de compléter leur dossier conformément aux dispositions du I de l'article 52.

II. – La liste des candidats autorisés à présenter une offre en application des dispositions de l'article 52 est établie au vu des seuls renseignements relatifs aux candidatures. Elle est établie par la commission d'appel d'offres pour les collectivités territoriales.

Les candidats non retenus en sont informés conformément au I de l'article 80.

Article 62

I. – Une lettre de consultation est envoyée simultanément à tous les candidats sélectionnés.

Cette lettre de consultation comporte au moins :

1° Les documents de la consultation, ou, s'ils ne sont pas détenus par le pouvoir adjudicateur, l'adresse du service auprès duquel les documents de la consultation peuvent être immédiatement obtenus sur demande et la date limite pour présenter cette demande, ou encore les conditions d'accès à ces documents s'ils sont mis à disposition directe par voie électronique ;

2° La date et l'heure limites de réception des offres, l'adresse à laquelle elles sont transmises et la mention de l'obligation de les rédiger en langue française ;

3° Les références de l'avis d'appel public à la concurrence publié ;

4° Le cas échéant, la date limite pour demander des documents complémentaires ;

5° La liste des documents à fournir avec l'offre.

II. – 1° Le délai de réception des offres ne peut être inférieur à quarante jours à compter de l'envoi de la lettre de consultation ;

2° Ce délai minimal peut être ramené à vingt-deux jours lorsque trois conditions sont réunies :

a) L'avis de préinformation prévu à l'article 39 a été publié ;

b) Cet avis a été envoyé à la publication cinquante deux jours au moins et douze mois au plus avant la date d'envoi de l'avis d'appel public à la concurrence ;

c) Il contient les mêmes renseignements que ceux qui figurent dans l'avis d'appel public à la concurrence, pour autant que ces renseignements soient disponibles au moment de l'envoi de l'avis de préinformation ;

4° Les délais de réception des offres mentionnés aux 1° et 2° peuvent être réduits de cinq jours lorsque le pouvoir adjudicateur offre, par moyen électronique et à compter de la publication de l'avis d'appel public à la concurrence, l'accès libre, direct et complet aux documents de la consultation et à tout document complémentaire, en indiquant dans le texte de l'avis l'adresse internet à laquelle ces documents peuvent être consultés.

III. – En cas d'urgence ne résultant pas du fait du pouvoir adjudicateur, les délais de réception des offres mentionnés au II peuvent être ramenés à dix jours.

IV. – Les renseignements complémentaires sur les documents de la consultation sont envoyés aux opérateurs économiques qui les demandent en temps utile, quatre jours au plus tard avant la date limite fixée pour la réception des offres.

V. – Le délai minimal mentionné au II est prolongé dans les hypothèses suivantes :

1° Lorsque le délai prévu au IV ne peut être respecté ;

2° Lorsque les offres ne peuvent être déposées qu'à la suite d'une visite sur les lieux d'exécution du marché ou après consultation sur place de documents complémentaires.

Les candidats sont informés du nouveau délai ainsi fixé.

VI. – Les offres sont transmises par tout moyen permettant de déterminer de façon certaine la date et l'heure de leur réception et d'en garantir la confidentialité.

Article 63

La commission d'appel d'offres procède à l'ouverture et à l'enregistrement des offres. La séance d'ouverture des plis contenant les offres n'est pas publique. Les candidats n'y sont pas admis.

Seuls peuvent être ouverts les plis qui ont été reçus au plus tard à la date et l'heure limites qui ont été annoncées dans la lettre de consultation.

Les offres inappropriées au sens du 3° du II de l'article 35 ainsi que les offres irrégulières ou inacceptables au sens du 1° du I de l'article 35 sont éliminées. Cette élimination est effectuée par la commission d'appel d'offres pour les collectivités territoriales.

Article 64

I. – Il ne peut y avoir de négociation avec les candidats. Il est seulement possible de demander aux candidats de préciser ou de compléter la teneur de leur offre.

II. – Après classement des offres finales conformément au III de l'article 53, l'offre économiquement la plus avantageuse est choisie en application du ou des critères annoncés dans l'avis d'appel public à la concurrence ou dans le règlement de la consultation. Ce choix est effectué par la commission d'appel d'offres pour les collectivités territoriales.

Il est possible, en accord avec le candidat retenu, de procéder à une mise au point des composantes du marché sans que ces modifications puissent remettre en cause les caractéristiques substantielles de l'offre ni le classement des offres.

Si le candidat dont l'offre a été retenue ne peut produire les attestations et certificats mentionnés aux I et II de l'article 46, son offre est rejetée et il est procédé conformément au III du même article.

Lorsque le candidat dont l'offre a été retenue produit les attestations et certificats mentionnés à l'alinéa précédent, les candidats dont l'offre n'a pas été retenue sont informés du rejet de celle-ci conformément au I de l'article 80.

Le marché est notifié et un avis d'attribution est publié.

III. – Lorsque aucune candidature ou aucune offre n'a été remise ou lorsqu'il n'a été proposé que des offres inappropriées au sens du 3° du II de l'article 35 ou des offres irrégulières ou inacceptables au sens du 1° du I de l'article 35, l'appel d'offres est déclaré sans suite ou infructueux. Cette déclaration est effectuée par la commission d'appel d'offres pour les collectivités territoriales. Les candidats qui ont remis un dossier au pouvoir adjudicateur en sont informés.

Lorsque l'appel d'offres est déclaré infructueux, il est possible de mettre en œuvre :

1° Soit un nouvel appel d'offres, ou si les conditions initiales du marché ne sont pas substantiellement modifiées, un marché négocié dans les conditions prévues au 3° du II de l'article 35 dans le cas d'offres inappropriées ou au 1° du I de l'article 35 dans le cas d'offres irrégulières ou inacceptables ;

2° Soit, s'il s'agit d'un lot qui remplit les conditions mentionnées au III de l'article 27, une procédure adaptée.

Pour les collectivités territoriales et les établissements publics locaux à l'exception des établissements publics de santé et des établissements publics sociaux et médico-sociaux, c'est la commission d'appel d'offres qui choisit le type de procédure à mettre en œuvre.

IV. – A tout moment, la procédure peut être déclarée sans suite pour des motifs d'intérêt général. Les candidats en sont informés.

Section 2. – Procédures négociées

Article 65

I. – La procédure négociée est organisée conformément aux dispositions suivantes.

Lorsqu'il doit être procédé à un avis d'appel public à la concurrence, cet avis est publié dans les conditions prévues à l'article 40.

Le pouvoir adjudicateur peut décider de limiter le nombre de candidats qui seront admis à présenter une offre. Il mentionne cette décision dans l'avis d'appel public à la concurrence. Il fixe dans cet avis un nombre minimum de candidats admis à présenter une offre et peut également fixer un nombre maximum. Ce nombre minimum ne peut être inférieur à trois.

Lorsque le nombre de candidats satisfaisant aux critères de sélection des candidatures est inférieur au nombre minimum, le pouvoir adjudicateur peut continuer la procédure avec les seuls candidats sélectionnés.

II. – Le délai minimal de réception des candidatures, en réponse à un avis d'appel public à la concurrence, est de trente-sept jours, à compter de la date d'envoi de l'avis, ou de trente jours si l'avis a été envoyé par voie électronique.

En cas d'urgence ne résultant pas du fait du pouvoir adjudicateur, ce délai minimal peut être ramené à quinze jours ou à dix jours si l'avis a été envoyé par voie électronique.

III. – Les candidatures sont transmises par tout moyen permettant de déterminer de façon certaine la date et l'heure de leur réception et d'en garantir la confidentialité.

IV. – Seuls peuvent être ouverts les plis qui ont été reçus au plus tard à la date et à l'heure limites qui ont été annoncées dans l'avis d'appel public à la concurrence.

Avant de procéder à l'examen des candidatures, le pouvoir adjudicateur qui constate que des pièces dont la production était réclamée sont absentes ou incomplètes, peut demander aux candidats de compléter leur dossier conformément aux dispositions du I de l'article 52.

Au vu des seuls renseignements relatifs aux candidatures, la liste des candidats invités à négocier est établie en application des dispositions de l'article 52.

Les candidats non retenus en sont informés conformément au I de l'article 80.

Article 66

I. – Une lettre de consultation est envoyée simultanément à tous les candidats sélectionnés.

Cette lettre de consultation comporte au moins :

1° Les documents de la consultation ou, s'ils ne sont pas détenus par le pouvoir adjudicateur, l'adresse du service auprès duquel les documents de la consultation peuvent être immédiatement obtenus sur demande et la date limite pour présenter cette demande, ou encore les conditions d'accès à ces documents s'ils sont mis à disposition directe par voie électronique ;

2° La date et l'heure limites de réception des offres, l'adresse à laquelle elles sont transmises et la mention de l'obligation de les rédiger en langue française ;

3° Les références de l'avis d'appel public à la concurrence publié ;

4° Le cas échéant, la date limite pour demander des documents complémentaires ;

5° La liste des documents à fournir avec l'offre.

II. – Les renseignements complémentaires sur les documents de la consultation sont envoyés aux opérateurs économiques qui les demandent en temps utile, six jours au plus tard avant la date limite fixée pour la réception des offres.

En cas de délais réduits du fait de l'urgence, ces renseignements sont communiqués aux opérateurs économiques qui le demandent en temps utile quatre jours au plus tard avant la date limite fixée pour la réception des offres.

III. – Le délai de réception des offres est librement fixé par le pouvoir adjudicateur. Il est prolongé dans les hypothèses suivantes :

1° Lorsque les délais prévus au II ci-dessus ne peuvent être respectés ;

2° Lorsque les offres ne peuvent être déposées qu'à la suite d'une visite sur les lieux d'exécution du marché ou après consultation sur place de documents complémentaires.

Les candidats sont informés du nouveau délai ainsi fixé.

IV. – Les offres sont transmises par tout moyen permettant de déterminer de façon certaine la date et l'heure de leur réception et d'en garantir la confidentialité.

V. – Seuls peuvent être ouverts les plis qui ont été reçus au plus tard à la date et l'heure limites qui ont été annoncées dans la lettre de consultation.

Les offres inappropriées au sens du 3° du II de l'article 35 sont éliminées.

La négociation est engagée avec les candidats sélectionnés. Elle ne peut porter sur l'objet du marché ni modifier substantiellement les caractéristiques et les conditions d'exécution du marché tels qu'elles sont définies dans les documents de la consultation.

La négociation est conduite dans le respect du principe d'égalité de traitement de tous les candidats. Les informations données aux candidats ne peuvent être de nature à avantager certains d'entre eux. Le pouvoir adjudicateur ne peut révéler aux autres candidats des solutions proposées ou des informations confidentielles communiquées par un candidat dans le cadre de la négociation, sans l'accord de celui-ci.

La procédure négociée peut se dérouler en phases successives à l'issue desquelles certains candidats sont éliminés, par application des critères de sélection des offres établis conformément à l'article 53 indiqués dans l'avis d'appel public à la concurrence ou dans les documents de la consultation. Le recours à cette faculté est prévu dans l'avis d'appel public à la concurrence ou dans les documents de la consultation.

VI. – Au terme des négociations, après classement des offres conformément au III de l'article 53, l'offre économiquement la plus avantageuse est choisie par la commission d'appel d'offres pour les collectivités territoriales en application du ou des critères annoncés dans l'avis d'appel public à la concurrence ou dans le règlement de la consultation.

En cas d'urgence impérieuse prévue au 1° du II de l'article 35, il est procédé conformément aux dispositions du dernier alinéa de l'article 25.

Si le candidat dont l'offre a été retenue ne peut produire les attestations et certificats mentionnés aux I et II de l'article 46, son offre est rejetée et il est procédé conformément au III du même article.

Lorsque le candidat dont l'offre a été retenue produit les attestations et certificats mentionnés à l'alinéa précédent, les candidats dont l'offre n'a pas été retenue sont informés du rejet de celle-ci conformément au I de l'article 80.

Le marché est notifié et un avis d'attribution est publié.

A tout moment, la procédure peut être déclarée sans suite pour des motifs d'intérêt général. Les candidats en sont informés.

Section 3. – Procédure de dialogue compétitif

Article 67

La procédure de dialogue compétitif est organisée conformément aux dispositions suivantes.

I. – Un avis d'appel public à la concurrence est publié dans les conditions prévues à l'article 40. Les besoins et exigences sont définis par le pouvoir adjudicateur dans cet avis et, le cas échéant, dans un projet partiellement défini ou dans un programme fonctionnel.

Les modalités du dialogue sont définies dans l'avis d'appel public à la concurrence ou dans les documents de la consultation.

Le pouvoir adjudicateur peut décider de limiter le nombre de candidats qui seront admis à participer au dialogue. Il mentionne cette décision dans l'avis d'appel public à la concurrence. Il fixe dans cet avis un nombre minimum de candidats admis à présenter une offre et peut également fixer un nombre maximum. Ce nombre minimum ne peut être inférieur à trois.

Lorsque le nombre de candidats satisfaisant aux critères de sélection des candidatures est inférieur au nombre minimum, le pouvoir adjudicateur peut continuer la procédure avec les seuls candidats sélectionnés.

II. – Le délai minimal de réception des candidatures, en réponse à un avis d'appel public à la concurrence, est de trente-sept jours à compter de la date d'envoi de l'avis, ou de trente jours si l'avis a été envoyé par voie électronique.

III. – Les candidatures sont transmises par tout moyen permettant de déterminer de façon certaine la date et l'heure de leur réception et d'en garantir la confidentialité.

IV. – L'ouverture des plis n'est pas publique ; les candidats n'y sont pas admis.

Seuls peuvent être ouverts les plis qui ont été reçus au plus tard à la date et l'heure limites qui ont été annoncées dans l'avis d'appel public à la concurrence.

Avant de procéder à l'examen des candidatures, le pouvoir adjudicateur, qui constate que des pièces dont la production était réclamée sont absentes ou incomplètes, peut demander aux candidats de compléter leur dossier conformément aux dispositions du I de l'article 52.

Au vu des seuls renseignements relatifs aux candidatures, la liste des candidats invités à dialoguer est établie en application des dispositions de l'article 52.

Les candidats non retenus en sont informés conformément au I de l'article 80.

V. – Les candidats sélectionnés sont simultanément invités, par écrit, à participer au dialogue.

L'invitation à participer au dialogue comporte au moins :

1° Les documents de la consultation ou, s'ils ne sont pas détenus par le pouvoir adjudicateur, l'adresse du service auprès duquel les documents de la consultation peuvent être immédiatement obtenus sur demande et la date limite pour présenter cette demande, ou encore les conditions d'accès à ces documents s'ils sont mis à disposition directe par voie électronique ;

2° Les références de l'avis d'appel public à la concurrence ;

3° La date et le lieu de déroulement du dialogue, ainsi que l'obligation d'utiliser la langue française ;

4° Le cas échéant, la date limite pour demander des renseignements complémentaires ;

5° La liste des documents à fournir.

VI. – Le dialogue s'ouvre avec les candidats sélectionnés.

L'objet du dialogue est l'identification et la définition des moyens propres à satisfaire au mieux les besoins. Tous les aspects du marché peuvent être discutés avec les candidats sélectionnés.

La procédure peut se dérouler en phases successives de manière à réduire le nombre de solutions à discuter pendant la phase du dialogue en appliquant les critères de sélection des offres, indiqués dans l'avis d'appel public à la concurrence ou dans les documents de la consultation. Le recours à cette faculté est indiqué dans l'avis d'appel public à la concurrence ou dans les documents de la consultation.

Le dialogue se poursuit jusqu'à ce que soient identifiées, éventuellement après les avoir comparées, la ou les solutions qui sont susceptibles de répondre aux besoins, pour autant qu'il y ait un nombre suffisant de solutions appropriées.

Au cours du dialogue, chaque candidat est entendu dans des conditions d'égalité. Le pouvoir adjudicateur ne peut donner à certains candidats des informations susceptibles de les avantager par rapport à d'autres. Il ne peut révéler aux autres candidats des solutions proposées ou des informations confidentielles communiquées par un candidat dans le cadre de la discussion, sans l'accord de celui-ci.

VII. – Lorsqu'il estime que la discussion est arrivée à son terme, le pouvoir adjudicateur en informe les candidats qui ont participé à toutes les phases de la consultation. Il les invite à remettre leur offre finale sur la base de la ou des solutions qu'ils ont présentées et spécifiées au cours du dialogue, dans un délai qui ne peut être inférieur à quinze jours. L'invitation à remettre leur offre finale comporte au moins la date et l'heure limites de réception de ces offres, l'adresse à laquelle elles seront transmises et l'indication de l'obligation de les rédiger en langue française. Ces offres comprennent tous les éléments requis et nécessaires pour la réalisation du marché.

Les renseignements complémentaires sur le programme fonctionnel ou le projet partiellement défini sont envoyés aux opérateurs économiques qui les demandent en temps utile, six jours au plus tard avant la date limite fixée pour la réception des offres finales.

Des précisions, clarifications, perfectionnements ou compléments peuvent être demandés aux candidats sur leur offre finale. Cependant, ces demandes ne peuvent avoir pour effet de modifier des éléments fondamentaux de l'offre finale, dont la variation est susceptible de fausser la concurrence ou d'avoir un effet discriminatoire.

VIII. – Après classement des offres finales conformément au III de l'article 53, l'offre économiquement la plus avantageuse est choisie en application du ou des critères annoncés dans l'avis d'appel public à la concurrence ou dans le règlement de la consultation. Ce choix est effectué par la commission d'appel d'offres pour les collectivités territoriales.

Il peut être demandé au candidat retenu de clarifier des aspects de son offre ou de confirmer les engagements figurant dans celle-ci, à condition que ceci n'ait pas pour effet de modifier des éléments substantiels de l'offre, de fausser la concurrence ou d'entraîner des discriminations.

Si le candidat dont l'offre a été retenue ne peut produire les attestations et certificats mentionnés aux I et II de l'article 46, son offre est rejetée et il est procédé conformément au III du même article.

Lorsque le candidat dont l'offre a été retenue produit les attestations et certificats mentionnés à l'alinéa précédent, les candidats dont l'offre n'a pas été retenue sont informés du rejet de celle-ci conformément au I de l'article 80.

Le marché est notifié et un avis d'attribution est publié.

IX. – Lorsque aucune offre finale n'a été remise ou lorsqu'il n'a été proposé que des offres irrégulières ou inacceptables au sens du 1° du I de l'article 35, le dialogue compétitif est déclaré sans suite ou infructueux. Cette déclaration est effectuée par la commission d'appel d'offres pour les collectivités territoriales. Les candidats qui ont remis un dossier au pouvoir adjudicateur en sont informés.

Lorsque le dialogue compétitif est déclaré infructueux, il est possible de mettre en œuvre :

1° Soit un nouveau dialogue compétitif, un appel d'offres ou, si les conditions initiales du marché ne sont pas substantiellement modifiées, un marché négocié dans les conditions prévues au 1° du I de l'article 35 ;

2° Soit, s'il s'agit d'un lot qui remplit les conditions mentionnées au III de l'article 27, une procédure adaptée.

Pour les collectivités territoriales et les établissements publics locaux à l'exception des établissements publics de santé et des établissements publics sociaux et médico-sociaux, c'est la commission d'appel d'offres qui choisit le type de procédure à mettre en œuvre.

X. – Il peut être prévu dans le règlement de la consultation ou dans l'avis d'appel public à la concurrence qu'une prime sera allouée à tous les participants au dialogue ou à ceux dont les propositions ont fait l'objet de la discussion ou encore à ceux dont les offres ont été les mieux classées.

La rémunération de l'attributaire du marché tient compte de la prime qui lui a été éventuellement versée en application de l'alinéa précédent.

XI. – A tout moment, la procédure peut être déclarée sans suite pour des motifs d'intérêt général. Les candidats en sont informés.

Section 4. – Autres procédures

Sous-section 1. – Marché relatif à des opérations de communication

Article 68

Lorsque les marchés relatifs à des opérations de communication sont passés conformément à la procédure de dialogue compétitif ou à la procédure négociée, ils peuvent comporter une ou plusieurs phases de réalisation dont le montant global est défini préalablement à l'exécution du marché. Ils sont alors passés pour une durée de quatre ans au plus.

A l'issue de chaque phase de réalisation, le pouvoir adjudicateur peut, sur la base des résultats obtenus, définir éventuellement, après avis du titulaire du marché, parmi les prestations prévues au marché, les nouveaux moyens à mettre en œuvre pour la phase suivante, en vue d'atteindre les objectifs de l'opération de communication.

Cette consultation du titulaire du marché ne peut cependant donner lieu, sans fausser la concurrence ou avoir un effet discriminatoire, à une modification des caractéristiques essentielles du marché.

Ces marchés prévoient la faculté pour le pouvoir adjudicateur d'arrêter leur exécution au terme d'une ou de plusieurs de ces phases.

Sous-section 2. – Marché de conception-réalisation

Article 69

I. – Les marchés de conception-réalisation définis à l'article 37 sont passés selon la procédure d'appel d'offres restreint en application des dispositions particulières qui suivent :

Un jury est composé dans les conditions fixées par le I de l'article 24. Il est complété par des maîtres d'œuvre désignés par le pouvoir adjudicateur. Ces maîtres d'œuvre sont indépendants des candidats et du pouvoir adjudicateur et sont compétents au regard de l'ouvrage à concevoir et de la nature des prestations à fournir pour sa conception. Ils représentent au moins un tiers du jury.

Le jury dresse un procès-verbal d'examen des candidatures et formule un avis motivé sur la liste des candidats à retenir. Le pouvoir adjudicateur arrête la liste des candidats admis à réaliser des prestations, auxquels sont remises gratuitement les pièces nécessaires à la consultation.

Les candidats admis exécutent des prestations sur lesquelles se prononce le jury, après les avoir auditionnés. Ces prestations comportent au moins un avant-projet sommaire pour un ouvrage de bâtiment ou un avant-projet pour un ouvrage d'infrastructure, accompagné de la définition des performances techniques de l'ouvrage.

Le jury dresse un procès-verbal d'examen des prestations et d'audition des candidats et formule un avis motivé.

Le pouvoir adjudicateur peut demander des clarifications ou des précisions concernant les offres déposées par les candidats. Cependant, ces précisions, clarifications ou compléments ne peuvent avoir pour effet de modifier des éléments fondamentaux de l'offre ou des caractéristiques essentielles du marché.

Le marché est attribué au vu de l'avis du jury. Pour les collectivités territoriales et les établissements publics locaux à l'exception des établissements publics de santé et des établissements publics sociaux ou médico-sociaux, c'est la commission d'appel d'offres qui attribue le marché.

Le règlement de la consultation prévoit le montant des primes et les modalités de réduction ou de suppression des primes des candidats dont le jury a estimé que les offres remises avant l'audition étaient incomplètes ou ne répondaient pas au règlement de la consultation. Le montant de la prime attribuée à chaque candidat est égal au prix estimé des études de conception à effectuer telles que définies par le règlement de la consultation, affecté d'un abattement au plus égal à 20 %. La rémunération de l'attributaire du marché tient compte de la prime qu'il a reçue.

II. – Dans le cas des opérations limitées à la réhabilitation de bâtiments, et si les conditions définies aux articles 36 et 37 sont réunies, les marchés de conception-réalisation peuvent également être passés selon la procédure du dialogue compétitif. Ils suivent alors les dispositions prévues à l'article 67.

III. – Lorsque le marché de conception-réalisation est d'un montant inférieur au seuil fixé au II de l'article 26, et si les conditions définies à l'article 37 sont réunies, il peut être passé selon une procédure adaptée régie par l'article 28.

IV. – Dans les cas prévus aux II et III ci-dessus, si les documents de la consultation ont prévu la remise de prestations, ils mentionnent également le montant des primes et les modalités de réduction ou de suppression des primes des candidats dont l'offre ne répondait pas aux documents de la consultation. Le montant de la prime attribuée à chaque candidat est égal au prix estimé des études de conception à effectuer telles que définies par le règlement de la consultation, affecté d'un abattement au plus égal à 20 %. La rémunération de l'attributaire du marché tient compte de la prime qu'il a reçue.

Sous-section 3. – Concours

Article 70

I. – Un avis d'appel public à la concurrence est publié dans les conditions prévues à l'article 40. Les délais de réception des candidatures et des offres sont ceux de l'appel d'offres.

En cas de concours ouvert, les plis adressés par les candidats comportent une première enveloppe contenant les renseignements relatifs à leur candidature, une seconde enveloppe contenant les prestations demandées et une troisième enveloppe contenant leur offre de prix pour la réalisation du marché.

En cas de concours restreint, les plis adressés par les candidats contiennent les seuls renseignements relatifs à leur candidature.

II. – L'ouverture des plis n'est pas publique ; les candidats n'y sont pas admis.

Seuls peuvent être ouverts les plis qui ont été reçus au plus tard à la date et à l'heure limites qui ont été annoncées dans l'avis d'appel public à la concurrence.

Avant de procéder à l'examen des candidatures, le pouvoir adjudicateur, qui constate que des pièces dont la production était réclamée sont absentes ou incomplètes, peut demander aux candidats de compléter leur dossier conformément aux dispositions du I de l'article 52.

III. – 1° Les candidatures sont transmises au jury qui les examine. Il dresse un procès-verbal et formule un avis motivé.

La liste des candidats admis à concourir est arrêtée et les candidats non retenus en sont informés conformément au I de l'article 80.

2° En concours ouvert, la deuxième enveloppe contenant les prestations demandées et la troisième enveloppe contenant l'offre de prix sont rendues aux candidats éliminés sans avoir été ouvertes.

3° En concours restreint, le nombre de candidats admis à concourir ne peut être inférieur à trois, sauf si le nombre de candidats retenus en application des critères de sélection des candidatures n'est pas suffisant. Le pouvoir adjudicateur peut décider de limiter le nombre de candidats qui seront admis à concourir. Il mentionne cette décision dans l'avis d'appel public à la concurrence. Il fixe dans cet avis un nombre minimum de candidats admis à concourir et peut également fixer un nombre maximum.

Lorsque le nombre de candidats satisfaisant aux critères de sélection est inférieur au nombre minimum, le pouvoir adjudicateur peut continuer la procédure avec les seuls candidats sélectionnés.

Les candidats admis à concourir sont invités à remettre leurs prestations et une enveloppe séparée contenant leur offre de prix pour la réalisation du marché.

IV. – Avant leur communication au jury, les enveloppes relatives aux prestations sont ouvertes. Les prestations demandées sont enregistrées. Le pouvoir adjudicateur est tenu de les rendre anonymes si le montant estimé du marché de services à passer avec le lauréat est égal ou supérieur aux seuils des marchés passés selon une procédure formalisée. Elles peuvent faire l'objet d'une analyse préalable destinée à préparer le travail du jury.

V. – Les prestations des candidats sont ensuite transmises au jury qui les évalue, en vérifie la conformité au règlement du concours et en propose un classement fondé sur les critères indiqués dans l'avis d'appel public à concurrence. Le jury dresse un procès-verbal de l'examen des prestations, dans lequel il consigne ses observations et tout point nécessitant des éclaircissements, et formule un avis motivé. Ce procès-verbal est signé par tous les membres du jury. L'anonymat est respecté jusqu'à l'avis du jury.

VI. – Le jury peut ensuite inviter les candidats à répondre aux questions qu'il a consignées dans ce procès-verbal afin de clarifier tel ou tel aspect d'un projet. Un procès-verbal complet du dialogue entre les membres du jury et les candidats est établi.

VII. – Après réception de l'avis et des procès-verbaux du jury, et après examen de l'enveloppe contenant le prix, le ou les lauréats du concours sont choisis par le pouvoir adjudicateur.

Des primes sont allouées aux candidats conformément aux propositions du jury.

VIII. – Le ou les lauréats sont invités à négocier et le marché qui fait suite au concours est attribué. Pour les collectivités territoriales et les établissements publics locaux à l'exception des établissements publics de santé et des établissements publics sociaux ou médico-sociaux, c'est l'assemblée délibérante qui attribue le marché.

IX. – Si le candidat dont l'offre a été retenue ne peut produire les attestations et certificats mentionnés aux I et II de l'article 46, son offre est rejetée et il est procédé conformément au III du même article.

Lorsque le candidat dont l'offre a été retenue produit les attestations et certificats mentionnés à l'alinéa précédent, les candidats dont l'offre n'a pas été retenue sont informés du rejet de celle-ci conformément au I de l'article 80.

Le marché est notifié et un avis d'attribution est publié.

CHAPITRE V. – DISPOSITIONS SPÉCIFIQUES À CERTAINS MARCHÉS

Section 1. – Obligation de décoration des constructions publiques

Article 71

Les conditions dans lesquelles sont passés les marchés ayant pour objet des réalisations exécutées en application de dispositions législatives ou réglementaires relatives à l'obligation de décoration des constructions publiques sont précisées par décret.

Section 2. – Marchés à tranches conditionnelles

Article 72

Le pouvoir adjudicateur peut passer un marché sous la forme d'un marché à tranches conditionnelles.

Le marché à tranches conditionnelles comporte une tranche ferme et une ou plusieurs tranches conditionnelles. Le marché définit la consistance, le prix ou ses modalités de détermination et les modalités d'exécution des prestations de chaque tranche. Les prestations de la tranche ferme doivent constituer un ensemble cohérent ; il en est de même des prestations de chaque tranche conditionnelle, compte tenu des prestations de toutes les tranches antérieures. L'exécution de chaque tranche conditionnelle est subordonnée à une décision du pouvoir adjudicateur, notifiée au titulaire dans les conditions fixées au marché. Lorsqu'une tranche conditionnelle est affermie avec retard ou n'est pas affermie, le titulaire peut bénéficier, si le marché le prévoit et dans les conditions qu'il définit, d'une indemnité d'attente ou d'une indemnité de dédit.

Section 3. – Marché de définition

Article 73

Lorsque le pouvoir adjudicateur n'est pas en mesure de préciser les buts et performances à atteindre, les techniques à utiliser, les moyens en personnel et en matériel à mettre en œuvre, il peut recourir aux marchés de définition.

Ces marchés ont pour objet d'explorer les possibilités et les conditions d'établissement d'un marché ultérieur, le cas échéant au moyen de la réalisation d'une maquette ou d'un démonstrateur. Ils permettent également d'estimer le niveau du prix des prestations, les modalités de sa détermination et de prévoir les différentes phases de l'exécution des prestations.

Dans le cadre d'une procédure unique, les prestations d'exécution faisant suite à plusieurs marchés de définition ayant un même objet et exécutés simultanément, sont attribuées après remise en concurrence des seuls titulaires des marchés de définition, conformément aux dispositions suivantes :

1° L'avis d'appel public à la concurrence définit l'objet des marchés de définition passés simultanément et l'objet du marché d'exécution ultérieur ;

2° L'avis d'appel public à la concurrence définit les critères de sélection des candidatures. Ces critères tiennent compte des capacités et compétences exigées des candidats tant pour les marchés de définition que pour le marché ultérieur d'exécution ;

3° L'avis d'appel public à la concurrence définit les critères de sélection des offres des marchés de définition passés simultanément et les critères de sélection des offres du marché d'exécution ultérieur ;

4° Le montant des prestations à comparer aux seuils tient compte du montant des études de définition et du montant estimé du marché d'exécution ;

5° Le nombre de marchés de définition passés simultanément dans le cadre de cette procédure ne peut être inférieur à trois, sous réserve d'un nombre suffisant de candidats.

Le marché ou l'accord-cadre est attribué par la commission d'appel d'offres pour les collectivités territoriales.

Section 4. – Marché de maîtrise d'œuvre

Article 74

I. – Les marchés de maîtrise d'œuvre ont pour objet, en vue de la réalisation d'un ouvrage ou d'un projet urbain ou paysager, l'exécution d'un ou plusieurs éléments de mission définis par l'article 7 de la loi du 12 juillet 1985 susmentionnée et par le décret du 29 novembre 1993 susmentionné.

II. – Les marchés de maîtrise d'œuvre d'un montant égal ou supérieur aux seuils des marchés formalisés fixés au II de l'article 26 sont passés selon la procédure du concours dans les conditions précisées ci-après. Ils peuvent toutefois être passés selon la procédure adaptée lorsque leur montant est inférieur à ces mêmes seuils. Dans le cas de marchés de maîtrise d'œuvre passés en procédure adaptée, toute remise de prestations donne lieu au versement d'une prime.

III. – Le concours mentionné ci-dessus est un concours restreint organisé dans les conditions définies à l'article 70.

Les candidats ayant remis des prestations conformes au règlement du concours bénéficient d'une prime. L'avis d'appel public à la concurrence indique le montant de cette prime. Le montant de la prime attribuée à chaque candidat est égal au prix estimé des études à effectuer par les candidats telles que définies dans l'avis d'appel public à la concurrence et précisées dans le règlement du concours, affecté d'un abattement au plus égal à 20 %.

La rémunération du marché de maîtrise d'œuvre tient compte de la prime reçue pour sa participation au concours par le candidat attributaire.

Pour les marchés de maîtrise d'œuvre d'un montant égal ou supérieur aux seuils des marchés passés selon une procédure formalisée, le pouvoir adjudicateur n'est pas tenu de recourir au concours de maîtrise d'œuvre dans les cas suivants :

1° Pour l'attribution d'un marché de maîtrise d'œuvre relatif à la réutilisation ou à la réhabilitation d'ouvrages existants ;

2° Pour l'attribution d'un marché de maîtrise d'œuvre relatif à des ouvrages réalisés à titre de recherche, d'essai ou d'expérimentation ;

3° Pour l'attribution d'un marché de maîtrise d'œuvre qui ne confie aucune mission de conception au titulaire ;

4° Pour l'attribution d'un marché de maîtrise d'œuvre relatif à des ouvrages d'infrastructures.

Si le pouvoir adjudicateur ne retient pas la procédure du concours, la procédure applicable est :

a) Soit celle de l'appel d'offres pour lequel un jury est composé dans les conditions définies au I de l'article 24. Dans ce cas, les membres de ce jury désignés en application des *d* et *e* du I de l'article 24 ont voix consultative ;

b) Soit la procédure négociée, si les conditions de l'article 35 sont remplies, après publicité préalable et mise en concurrence selon les modalités suivantes.

Dans ce cas, la mise en compétition peut être limitée à l'examen des compétences, références et moyens humains et matériels des candidats. Le pouvoir adjudicateur, après avis du jury tel que défini au I de l'article 24, dresse la liste des candidats admis à négocier, dont le nombre ne peut être inférieur à trois sauf si le nombre de candidats n'est pas suffisant. Le pouvoir adjudicateur engage les négociations. Au terme de ces négociations, le marché est attribué.

IV. – Dans le cadre d'une procédure unique, le marché ou l'accord-cadre de maîtrise d'œuvre faisant suite à plusieurs marchés de définition ayant un même objet et exécutés simultanément, peut être attribué après remise en concurrence des seuls titulaires des marchés de définition, dans les conditions prévues au troisième alinéa de l'article 73.

V. – Pour les collectivités territoriales et les établissements publics locaux à l'exception des établissements publics de santé et des établissements publics sociaux ou médico-sociaux, c'est l'assemblée délibérante qui attribue le ou les marchés de maîtrise d'œuvre.

Section 5. – Marchés réalisés dans le cadre de programmes expérimentaux

Article 75

Les pouvoirs adjudicateurs qui réalisent des ouvrages qui ont pour objet de vérifier la pertinence, sur un nombre limité de réalisations, des projets retenus par l'Etat dans le cadre d'un programme public national de recherche, d'essai et d'expérimentation, peuvent passer, pour leur réalisation, des marchés de maîtrise d'œuvre ou de travaux, au terme d'une procédure de mise en concurrence conforme au présent code, limitée à des opérateurs économiques choisis parmi ceux dont les projets auront été sélectionnés par le jury du programme public national, après publication d'un avis d'appel public à la concurrence. Un protocole d'expérimentation est passé entre le pouvoir adjudicateur et l'organisme public responsable du programme national.

CHAPITRE VI. – ACCORD-CADRE ET MARCHÉS À BONS DE COMMANDE

Article 76

I. – Les accords-cadres définis à l'article 1er sont passés selon les procédures et dans les conditions prévues par le présent code. Dans ces accords-cadres le pouvoir adjudicateur a la faculté de prévoir un minimum et un maximum en valeur ou en quantité, ou un minimum, ou un maximum, ou encore être conclus sans minimum ni maximum.

II. – Les marchés passés sur le fondement d'un accord-cadre sont des documents écrits qui précisent les caractéristiques et les modalités d'exécution des prestations demandées qui n'ont pas été fixées dans l'accord-cadre. La conclusion des marchés passés sur le fondement d'un accord-cadre intervient soit lors de la survenance du besoin, soit selon une périodicité prévue par l'accord-cadre.

III. – Lorsqu'un accord-cadre est attribué à plusieurs opérateurs économiques, ceux-ci sont au moins au nombre de trois, sous réserve d'un nombre suffisant de candidats et d'offres. Les marchés qui sont passés sur le fondement de cet accord sont précédés d'une mise en concurrence organisée entre les titulaires de l'accord-cadre et respectent les dispositions suivantes :

1° Lorsque la remise en concurrence est organisée au moment de la survenance du besoin et que cet accord-cadre a été divisé en lots, seuls sont consultés les titulaires des lots correspondant à l'objet du marché fondé sur l'accord-cadre ;

2° Lorsque la remise en concurrence est organisée selon une périodicité prévue par l'accord-cadre, elle porte sur tous les lots ;

3° Quel que soit le choix opéré, les parties ne peuvent apporter des modifications substantielles aux termes fixés dans l'accord-cadre lors de la passation des marchés fondés sur cet accord ;

4° Le pouvoir adjudicateur fixe un délai suffisant pour la présentation des offres en tenant compte d'éléments tels que la complexité des prestations attendues ou le temps nécessaire à la transmission des offres.

Ces offres sont proposées conformément aux caractéristiques fixées par l'accord-cadre et les documents de la consultation propres au marché fondé sur l'accord-cadre. Elles sont transmises au pouvoir adjudicateur par tout moyen permettant de déterminer la date et l'heure de réception. Leur contenu doit rester confidentiel jusqu'à l'expiration du délai prévu pour le dépôt des offres.

5° Les marchés passés sur le fondement de l'accord-cadre sont attribués à celui ou, le cas échéant, à ceux des titulaires de l'accord-cadre qui ont présenté les offres économiquement les plus avantageuses, sur la base des critères non discriminatoires fixés par l'accord-cadre pour l'attribution de ces marchés.

IV. – Lorsqu'un accord-cadre est attribué à un seul opérateur économique, le pouvoir adjudicateur peut, préalablement à la conclusion des marchés fondés sur l'accord-cadre, demander au titulaire de l'accord-cadre de compléter, par écrit, son offre. Les compléments ainsi apportés aux caractéristiques de l'offre retenue pour l'attribution de l'accord-cadre ne peuvent avoir pour effet de les modifier substantiellement.

V. – La durée des accords-cadres ne peut dépasser quatre ans, sauf dans des cas exceptionnels dûment justifiés, notamment par leur objet, ou par le fait que leur exécution nécessite des investissements amortissables sur une durée supérieure à quatre ans.

La conclusion des marchés passés sur le fondement d'un accord-cadre ne peut se faire que pendant la durée de validité de l'accord-cadre. Leur durée d'exécution est fixée conformément aux conditions habituelles d'exécution des prestations faisant l'objet de l'accord cadre. Le pouvoir adjudicateur ne peut cependant retenir une date de passation et une durée d'exécution telles que l'exécution des marchés se prolonge au-delà de la date limite de validité de l'accord dans des conditions qui méconnaissent l'obligation d'une remise en concurrence périodique des opérateurs économiques.

VI. – Les marchés passés sur le fondement d'un accord-cadre peuvent être des marchés à bons de commande. Ils sont alors passés selon les règles prévues par le présent article et exécutés selon les règles prévues par l'article 77.

VII. – Pour des besoins occasionnels de faible montant, le pouvoir adjudicateur peut s'adresser à un prestataire autre que le ou les titulaires de l'accord-cadre, pour autant que le montant cumulé de tels achats ne dépasse pas la somme de 10 000 € HT. Le recours à cette possibilité ne dispense pas le pouvoir adjudicateur de respecter son engagement de passer des commandes à hauteur du montant minimum de l'accord-cadre lorsque celui-ci est prévu.

VIII. – Pour les achats d'énergies non stockables qui donnent lieu à un accord-cadre, les marchés passés sur le fondement de l'accord-cadre précisent la période durant laquelle a lieu la fourniture d'énergie. La quantité précise d'énergie qui sera fournie durant cette période peut ne pas être précisée dans les marchés fondés sur l'accord-cadre. Cette quantité est constatée à l'issue de la période mentionnée dans le marché.

Pour les achats d'énergies non stockables qui ne donnent pas lieu à un accord-cadre ou à un marché à bons de commande, le marché détermine la consistance, la nature et le prix unitaire de l'énergie fournie ou les modalités de sa détermination. Le marché peut ne pas indiquer la quantité précise d'énergie qui devra être fournie durant son exécution. Celle-ci sera alors constatée à l'issue de la durée de validité du marché.

Article 77

I. – Un marché à bons de commande est un marché conclu avec un ou plusieurs opérateurs économiques et exécuté au fur et à mesure de l'émission de bons de commande.

Dans ce marché le pouvoir adjudicateur a la faculté de prévoir un minimum et un maximum en valeur ou en quantité, ou un minimum, ou un maximum, ou encore être conclus sans minimum ni maximum.

L'émission des bons de commande s'effectue sans négociation ni remise en concurrence préalable des titulaires, selon des modalités expressément prévues par le marché.

Les bons de commande sont des documents écrits adressés aux titulaires du marché. Ils précisent celles des prestations, décrites dans le marché, dont l'exécution est demandée et en déterminent la quantité.

II. – La durée des marchés à bons de commande ne peut dépasser quatre ans, sauf dans des cas exceptionnels dûment justifiés, notamment par leur objet ou par le fait que leur exécution nécessite des investissements amortissables sur une durée supérieure à quatre ans.

L'émission des bons de commande ne peut intervenir que pendant la durée de validité du marché. Leur durée d'exécution est fixée conformément aux conditions habituelles d'exécution des prestations faisant l'objet du marché. Le pouvoir adjudicateur ne peut cependant retenir une date d'émission et une durée d'exécution de ces bons de commande telles que l'exécution des marchés se prolonge au-delà de la date limite de validité du marché dans des conditions qui méconnaissent l'obligation d'une remise en concurrence périodique des opérateurs économiques.

III. – Pour des besoins occasionnels de faible montant, le pouvoir adjudicateur peut s'adresser à un prestataire autre que le ou les titulaires du marché, pour autant que le montant cumulé de tels achats ne dépasse pas 1 % du montant total du marché, ni la somme de 10 000 € HT. Le recours à cette possibilité ne dispense pas le pouvoir adjudicateur de respecter son engagement de passer des commandes à hauteur du montant minimum du marché lorsque celui-ci est prévu.

CHAPITRE VII. – SYSTÈME D'ACQUISITION DYNAMIQUE

Article 78

I. – 1° Un système d'acquisition dynamique est une procédure entièrement électronique de passation de marché public, pour des fournitures courantes, par lequel le pouvoir adjudicateur attribue, après mise en concurrence, un ou plusieurs marchés à l'un des opérateurs préalablement sélectionnés sur la base d'une offre indicative.

Le système d'acquisition dynamique est créé pour une durée maximale de quatre ans, sauf dans des cas exceptionnels dûment justifiés.

Pour mettre en place un système d'acquisition dynamique, le pouvoir adjudicateur suit toutes les phases de l'appel d'offres ouvert.

2° Aux fins de la mise en place d'un système d'acquisition dynamique, le pouvoir adjudicateur :

a) Publie un avis d'appel public à la concurrence précisant qu'il s'agit d'un système d'acquisition dynamique et indiquant les critères qui seront appliqués pour la sélection des titulaires des marchés conclus dans le cadre de ce système ;

b) Précise, dans les documents de la consultation, la nature des achats envisagés dans le cadre de ce système, ainsi que toutes les informations nécessaires concernant le système d'acquisition, l'équipement électronique utilisé et les modalités techniques de connexion ;

c) Offre par voie électronique, dès la publication de l'avis et jusqu'à expiration du système, un accès libre, direct et complet aux documents de la consultation et indique dans l'avis l'adresse internet à laquelle ces documents peuvent être consultés.

3° Le système est ouvert pendant toute sa durée à tous les opérateurs économiques satisfaisant aux critères de sélection et ayant présenté une offre indicative conforme aux documents de la consultation et aux documents complémentaires éventuels. Les offres indicatives peuvent être améliorées à tout moment à condition qu'elles demeurent conformes aux documents de la consultation.

Le pouvoir adjudicateur procède à l'évaluation des candidatures et des offres indicatives dans un délai maximum de quinze jours à compter de leur présentation. Il peut prolonger cette période d'évaluation pour autant qu'il n'engage, entre-temps, aucune procédure de passation de marché dans le cadre du système d'acquisition dynamique susceptible d'intéresser les candidats évalués. Le pouvoir adjudicateur informe sans délai les opérateurs de leur admission dans le système d'acquisition dynamique ou du rejet de leur candidature ou de leur offre indicative.

Le pouvoir adjudicateur ne peut recourir à ce système de manière à empêcher, restreindre ou fausser la concurrence.

II. – Les marchés passés dans le cadre d'un système d'acquisition dynamique, dits marchés spécifiques, font l'objet d'une mise en concurrence.

1° Avant de procéder à cette mise en concurrence le pouvoir adjudicateur publie un avis de marché simplifié conforme au règlement (CE) n° 1564/2005 susmentionné, invitant tous les opérateurs économiques, qui n'auraient pas déjà présenté une offre indicative dans le cadre de la mise en place du système d'acquisition dynamique, à présenter une offre indicative dans un délai qui ne peut être inférieur à quinze jours à compter de la date d'envoi de l'avis simplifié. Le pouvoir adjudicateur ne procède à la mise en concurrence qu'après avoir achevé l'évaluation de toutes les offres indicatives présentées dans ce délai.

2° Le pouvoir adjudicateur invite ensuite tous les candidats admis dans le système à présenter une offre définitive pour chaque marché spécifique à passer dans le cadre du système. A cette fin, il fixe un délai suffisant pour la présentation des offres.

3° L'offre économiquement la plus avantageuse est choisie, sur la base des critères d'attribution énoncés dans l'avis d'appel public à la concurrence publié lors de la mise en place du système d'acquisition dynamique. Ce choix est effectué par la commission d'appel d'offres pour les collectivités territoriales. Ces critères peuvent, le cas échéant, être précisés dans l'invitation mentionnée au 2°.

Si le candidat dont l'offre a été retenue ne peut produire les attestations et certificats mentionnés aux I et II de l'article 46, son offre est rejetée et il est procédé conformément au III du même article.

Lorsque le candidat dont l'offre a été retenue produit les attestations et certificats mentionnés à l'alinéa précédent, les candidats dont l'offre n'a pas été retenue sont informés du rejet de celle-ci conformément au I de l'article 80.

Ces marchés sont notifiés et un avis d'attribution est publié.

Aucuns frais de dossier ne peuvent être facturés aux opérateurs économiques.

CHAPITRE VIII. – ACHÈVEMENT DE LA PROCÉDURE

Article 79

Pour les marchés et accords-cadres passés selon une des procédures formalisées, le pouvoir adjudicateur établit un rapport de présentation de la procédure de passation comportant au moins :

1° Le nom et l'adresse du pouvoir adjudicateur, l'objet et la valeur du marché, de l'accord-cadre ou du système d'acquisition dynamique ;

2° Le nom des candidats retenus et le motif de ce choix ;

3° Le nom des candidats exclus et les motifs du rejet de leur candidature ;

4° Les motifs du rejet des offres jugées anormalement basses ;

5° Le nom du titulaire et les motifs du choix de son offre, ainsi que, si elle est connue, la part du marché ou de l'accord-cadre que le titulaire a l'intention de sous-traiter à des tiers ;

6° En ce qui concerne les procédures négociées, le motif du recours à ces procédures ;

7° En ce qui concerne le dialogue compétitif, le motif du recours à cette procédure ;

8° Le cas échéant, les raisons pour lesquelles le pouvoir adjudicateur a renoncé à passer un marché, un accord-cadre ou à mettre en place un système d'acquisition dynamique ;

9° L'indication que des fournitures proviennent d'un pays membre de l'Union européenne ou d'un autre pays signataire de l'accord sur les marchés publics conclus dans le cadre de l'Organisation mondiale du commerce ;

En cas de procédure dématérialisée, le pouvoir adjudicateur fournit, en outre, toutes les informations sur le déroulement des procédures d'attribution conduites par voie électronique.

Lorsque le pouvoir adjudicateur est soumis à un contrôle public de ses marchés, ce rapport est communiqué en même temps que le marché aux instances chargées du contrôle des marchés.

Le rapport de présentation ou ses principaux éléments sont communiqués à la Commission européenne à sa demande.

Article 80

I. – 1° Pour les marchés et accords-cadres passés selon une des procédures formalisées, le pouvoir adjudicateur avise, dès qu'il a fait son choix sur les candidatures ou sur les offres, tous les autres candidats du rejet de leurs candidatures ou de leurs offres, en indiquant les motifs de ce rejet.

Un délai d'au moins dix jours est respecté entre la date à laquelle la décision de rejet est notifiée aux candidats dont l'offre n'a pas été retenue et la date de signature du marché ou de l'accord-cadre.

En cas d'urgence ne permettant pas de respecter ce délai de dix jours, il est réduit dans des proportions adaptées à la situation.

2° Ce délai n'est en revanche pas exigé :

a) Dans les situations d'urgence impérieuse justifiant la négociation sans publicité préalable avec un seul soumissionnaire ;

b) Dans le cas des appels d'offres, des marchés négociés ou des marchés passés sur le fondement d'un accord-cadre lorsque le marché est attribué au seul candidat ayant présenté une offre qui répond aux exigences indiquées dans l'avis d'appel public à la concurrence ou dans les documents de la consultation.

3° Le marché ou l'accord-cadre peut être signé électroniquement, selon les modalités fixées par un arrêté du ministre chargé de l'économie.

II. – Lorsque le pouvoir adjudicateur décide de ne pas attribuer le marché ou de recommencer la procédure, il informe, dans les plus brefs délais, les candidats des motifs de sa décision. Sur demande écrite des candidats, la réponse est écrite.

III. – Le pouvoir adjudicateur ne peut communiquer les renseignements dont la divulgation :

a) Serait contraire à la loi, en particulier violerait le secret industriel et commercial ;

b) Serait contraire à l'intérêt public ;

c) Pourrait nuire à une concurrence loyale entre les opérateurs économiques.

Article 81

Sauf dans le cas de l'échange de lettres prévu au 1° du II de l'article 35, les marchés et accords-cadres d'un montant supérieur à 20 000 € HT sont notifiés avant tout commencement d'exécution.

Pour les marchés et accords-cadres passés selon une procédure formalisée, la notification consiste en un envoi d'une copie du marché ou de l'accord-cadre signé au titulaire. La date de notification est la date de réception de cette copie par le titulaire.

A l'exception du cas de l'échange de lettres, le marché ou l'accord-cadre prend effet à cette date.

Article 82

Pour les collectivités territoriales, le marché ou l'accord-cadre est notifié au titulaire après transmission, lorsqu'elle est prévue, au représentant de l'Etat des pièces nécessaires à l'exercice de son contrôle.

Pour les établissements publics de santé et les établissements publics sociaux ou médico-sociaux, le marché ou l'accord-cadre est notifié au titulaire après réception, le cas échéant, de ces pièces par le représentant de l'Etat.

Article 83

Le pouvoir adjudicateur communique, dans un délai maximal de quinze jours à compter de la réception d'une demande écrite, à tout candidat écarté qui en fait la demande les motifs détaillés du rejet de sa candidature ou de son offre et, à tout candidat dont l'offre a été rejetée pour un motif autre que ceux mentionnés au III de l'article 53, les caractéristiques et les avantages relatifs de l'offre retenue ainsi que le nom du ou des attributaires du marché ou de l'accord-cadre.

Article 84

Le pouvoir adjudicateur établit des fiches statistiques sur les marchés qu'il passe et les transmet aux services compétents de l'Etat, dans des conditions définies par décret.

Article 85

I. – Pour les marchés et les accords-cadres donnant lieu à l'une des procédures formalisées et pour les marchés de services relevant de l'article 30 d'un montant égal ou supérieur à 206 000 € HT, le pouvoir adjudicateur envoie pour publication, dans un délai maximal de quarante-huit jours à compter de la notification du marché ou de l'accord-cadre, un avis d'attribution. Le pouvoir adjudicateur est dispensé d'envoyer un avis d'attribution pour les marchés fondés sur un accord-cadre.

Le pouvoir adjudicateur envoie un avis sur le résultat de la passation des marchés fondés sur un système d'acquisition dynamique au plus tard quarante-huit jours après la notification de chaque marché. Toutefois, il peut n'envoyer qu'un avis global chaque trimestre, au plus tard quarante-huit jours après la fin de chaque trimestre.

II. – L'avis d'attribution est publié dans l'organe qui a assuré la publication de l'avis d'appel public à la concurrence et selon les mêmes modalités de transmission que celles définies à l'article 40 du présent code.

III. – Pour les marchés de fournitures et de services d'un montant égal ou supérieur à 133 000 € HT pour l'Etat et 206 000 € HT pour les collectivités territoriales et pour les marchés de travaux d'un montant égal ou supérieur à 5 150 000 € HT, l'avis est établi pour la publication au *Journal officiel* de l'Union européenne conformément au modèle fixé par le règlement (CE) n° 1564/2005 susmentionné. Cet avis est conforme au modèle prévu par arrêté du ministre chargé de l'économie lorsqu'il est établi pour la publication au *Bulletin officiel des annonces des marchés publics*.

IV. – Pour les marchés relevant de l'article 30 d'un montant égal ou supérieur à 206 000 € HT, le pouvoir adjudicateur adresse l'avis d'attribution à l'Office des publications officielles de l'Union européenne et au *Bulletin officiel des annonces des marchés publics* en indiquant s'il en accepte la publication.

V. – Certaines informations relatives à la passation du marché ou à la conclusion de l'accord-cadre peuvent ne pas être publiées lorsque leur divulgation ferait obstacle à l'application des lois, serait contraire à l'intérêt public ou porterait préjudice aux intérêts commerciaux légitimes des candidats ou pourrait nuire à une concurrence loyale entre ceux-ci.

TITRE IV. – EXÉCUTION DES MARCHÉS

CHAPITRE Ier. – RÉGIME FINANCIER

Section 1. – Règlement, avances, acomptes

Article 86

Les marchés donnent lieu à des versements à titre d'avances, d'acomptes, de règlements partiels définitifs ou de solde, dans les conditions fixées par la présente section.

Sous-section 1. – Avances

Article 87

I. – Une avance est accordée au titulaire d'un marché lorsque le montant initial du marché ou de la tranche affermie est supérieur à 50 000 € HT et dans la mesure où le délai d'exécution est supérieur à deux mois. Cette avance n'est due au titulaire du marché que sur la part du marché qui ne fait pas l'objet de sous-traitance.

Dans le cas d'un marché à bons de commande, comportant un montant minimum supérieur à 50 000 € HT, l'avance est accordée en une seule fois sur la base de ce montant minimum.

Dans le cas d'un marché à bons de commande ne comportant ni minimum ni maximum, l'avance est accordée pour chaque bon de commande d'un montant supérieur à 50 000 € HT et d'une durée d'exécution supérieure à deux mois.

Dans le cas d'un marché à bons de commande, comportant un montant minimum supérieur à 50 000 € HT, passé en application des articles 7 et 8 et lorsque chaque service ou organisme procède lui-même au paiement des prestations qu'il a commandées, le marché peut prévoir que le régime de l'avance est celui qui relève des dispositions applicables aux marchés à bons de commande ne comportant ni minimum ni maximum.

Le titulaire peut refuser le versement de l'avance.

II. – Le montant de l'avance est fixé, sous réserve des dispositions du III du présent article et de celles de l'article 115 :

1° A 5 % du montant initial, toutes taxes comprises, du marché ou de la tranche affermie si leur durée est inférieure ou égale à douze mois ; si cette durée est supérieure à douze mois, l'avance est égale à 5 % d'une somme égale à douze fois le montant mentionné ci-dessus divisé par cette durée exprimée en mois ;

2° Dans le cas d'un marché à bons de commande comportant un montant minimum supérieur à 50 000 € HT, à 5 % du montant minimum si la durée du marché est inférieure ou égale à douze mois ; si cette durée est supérieure à douze mois, l'avance est égale à 5 % d'une somme égale à douze fois le montant minimum divisé par la durée du marché exprimée en mois ;

3° Dans le cas d'un marché à bons de commande ne comportant ni minimum ni maximum ou qui comporte un minimum et un maximum fixé en quantité, pour chaque bon de commande d'un montant supérieur à 50 000 € HT et d'une durée d'exécution supérieure à deux mois, à 5 % du montant du bon de commande si la durée prévue pour l'exécution de celui-ci est inférieure ou égale à douze mois ; si cette durée est supérieure à douze mois, l'avance est égale à 5 % d'une somme égale à douze fois le montant du bon de commande divisé par la durée prévue pour l'exécution de celui-ci exprimée en mois.

Le montant de l'avance ne peut être affecté par la mise en œuvre d'une clause de variation de prix.

III. – Le marché peut prévoir que l'avance versée au titulaire du marché dépasse les 5 % mentionnés au II.

En tout état de cause, l'avance ne peut excéder 30 % des montants mentionnés au II.

L'avance peut toutefois être portée à un maximum de 60 % des montants mentionnés ci-dessus, sous réserve que le titulaire constitue une garantie à première demande conformément aux dispositions de l'article 90.

Le taux et les conditions de versement de l'avance sont fixés par le marché. Ils ne peuvent être modifiés par avenant.

IV. – Les dispositions du présent article s'appliquent aux marchés reconductibles, sur le montant de la période initiale et aux marchés reconduits, sur le montant de chaque reconduction.

V. – Le marché peut prévoir le versement d'une avance dans les cas où elle n'est pas obligatoire.

Article 88

I. – Le remboursement de l'avance s'impute sur les sommes dues au titulaire, selon un rythme et des modalités fixés par le marché par précompte sur les sommes dues à titre d'acomptes ou de règlement partiel définitif ou de solde.

Il doit, en tout état de cause, être terminé lorsque le montant des prestations exécutées par le titulaire atteint 80 % du montant toutes taxes comprises des prestations qui lui sont confiées au titre du marché ou de la tranche affermie, du bon de commande dans le cas d'un marché à bons de commande ne comportant ni minimum ni maximum, du montant minimum dans le cas d'un marché à bons de commandes comportant un montant minimum.

II. – Dans le silence du marché, le remboursement s'impute sur les sommes dues au titulaire quand le montant des prestations exécutées par le titulaire atteint 65 % des montants mentionnés au I.

III. – Les dispositions du présent article s'appliquent aux marchés reconductibles, sur le montant de la période initiale et aux marchés reconduits, sur le montant de chaque reconduction.

Article 89

Lorsque le montant de l'avance est inférieur ou égal à 30 % du montant du marché, les collectivités territoriales peuvent conditionner son versement à la constitution d'une garantie à première demande portant sur tout ou partie du remboursement de l'avance. Les deux parties peuvent s'accorder pour substituer à cette garantie une caution personnelle et solidaire.

Cette disposition n'est pas applicable aux organismes publics titulaires d'un marché.

Article 90

Lorsque le montant de l'avance est supérieur à 30 % du montant du marché, le titulaire du marché ne peut recevoir cette avance qu'après avoir constitué une garantie à première demande. La constitution de cette garantie n'est toutefois pas exigée des organismes publics titulaires d'un marché.

Pour les marchés passés pour les besoins de la défense, l'obligation de constituer cette garantie peut être supprimée ou aménagée par un arrêté conjoint du ministre chargé de la défense et du ministre chargé de l'économie.

Sous-section 2. – Acomptes

Article 91

Les prestations qui ont donné lieu à un commencement d'exécution du marché ouvrent droit à des acomptes.

Le montant d'un acompte ne peut excéder la valeur des prestations auxquelles il se rapporte.

La périodicité du versement des acomptes est fixée au maximum à trois mois. Lorsque le titulaire est une petite ou moyenne entreprise au sens de l'article 48, une société coopérative ouvrière de production, un groupement de producteurs agricoles, un artisan, une société coopérative d'artisans, une société coopérative d'artistes ou une entreprise adaptée, ce maximum est ramené à un mois pour les marchés de travaux. Pour les marchés de fournitures et de services, il est ramené à un mois à la demande du titulaire.

Sous-section 3. – Régime des paiements

Article 92

Constitue un règlement partiel définitif un règlement non susceptible d'être remis en cause par les parties après son paiement, notamment lors de l'établissement du solde.

Les marchés de travaux ne donnent pas lieu à des règlements partiels définitifs.

Les acomptes n'ont pas le caractère de paiements non susceptibles d'être remis en cause.

Article 93

Dans le cas des marchés passés en lots séparés, le titulaire de plusieurs lots présente des factures distinctes pour chacun des lots ou une facture globale identifiant distinctement les différents lots.

Article 94

Lorsque le marché comporte une clause de variation de prix, la valeur finale des références utilisées pour l'application de cette clause est appréciée au plus tard à la date de réalisation des prestations telle que prévue par le marché, ou à la date de leur réalisation réelle si celle-ci est antérieure.

Lorsque la valeur finale des références n'est pas connue à la date où doit intervenir un acompte ou un paiement partiel définitif, le pouvoir adjudicateur procède à un règlement provisoire sur la base des dernières références connues.

Le paiement calculé sur la base des valeurs finales de référence intervient au plus tard trois mois après la date à laquelle sont publiées ces valeurs.

Lorsque les avances sont remboursées par précompte sur les sommes dues à titre d'acompte ou de solde, le précompte est effectué après application de la clause de variation de prix sur le montant initial de l'acompte ou du solde.

Article 95

En cas de résiliation totale ou partielle du marché, les parties peuvent s'accorder, sans attendre la liquidation définitive du solde, sur un montant de dettes et de créances, hors indemnisation éventuelle, acceptées par elles, à titre provisionnel.

Si le solde est créditeur au profit du titulaire, le pouvoir adjudicateur lui verse 80 % de ce montant. S'il est créditeur au profit du pouvoir adjudicateur, le titulaire lui reverse 80 % de ce montant. Un délai peut être accordé au titulaire pour s'acquitter de sa dette ; dans cette hypothèse, le titulaire doit fournir la garantie prévue à l'article 104.

Article 96

Est interdite l'insertion dans un marché de toute clause de paiement différé.

Article 97

Les opérations effectuées par le titulaire d'un marché qui donnent lieu à versement d'avances ou d'acomptes, à règlement partiel définitif, ou à paiement pour solde, sont constatées par un écrit établi par le pouvoir adjudicateur ou vérifié et accepté par lui.

Article 98

Le délai global de paiement d'un marché public ne peut excéder :

1° 30 jours pour l'Etat et ses établissements publics autres que ceux ayant un caractère industriel et commercial et autres que ceux mentionnés au 3° ;

2° 45 jours pour les collectivités territoriales et les établissements publics locaux autres que ceux mentionnés au 3° ;

Ce délai est porté à :

a) Quarante jours à compter du 1er janvier 2009 ;

b) Trente-cinq jours à compter du 1er janvier 2010 ;

c) Trente jours à compter du 1er juillet 2010 ;

3° 50 jours pour les établissements publics de santé et les établissements du service de santé des armées.

Le dépassement du délai de paiement ouvre de plein droit et sans autre formalité, pour le titulaire du marché ou le sous-traitant, le bénéfice d'intérêts moratoires, à compter du jour suivant l'expiration du délai.

Un décret précise les modalités d'application du présent article.

Article 99

Dans le cas où le marché prévoit l'échelonnement de son exécution et des versements auxquels il donne lieu, aucune créance ne peut devenir exigible, aucun intérêt moratoire ne peut commencer à courir avant les dates ainsi prévues par le marché.

Article 100

En cas de résiliation du marché ouvrant droit à indemnisation, si les parties ne parviennent pas à un accord dans un délai de six mois à compter de la date de la résiliation sur le montant de l'indemnité, le pouvoir adjudicateur verse au titulaire, qui en fait la demande, le montant qu'il a proposé.

Section 2. – Garanties

Sous-section 1. – Retenue de garantie

Article 101

Le marché peut prévoir, à la charge du titulaire, une retenue de garantie qui est prélevée par fractions sur chacun des versements autres qu'une avance.

Le montant de la retenue de garantie ne peut être supérieur à 5 % du montant initial augmenté, le cas échéant, du montant des avenants. La retenue de garantie a pour seul objet de couvrir les réserves à la réception des travaux, fournitures ou services ainsi que celles formulées, le cas échéant, pendant le délai de garantie. Le délai de garantie est le délai, qui peut être prévu par le marché, pendant lequel le pouvoir adjudicateur peut formuler des réserves sur des malfaçons qui n'étaient pas apparentes ou dont les conséquences n'étaient pas identifiables au moment de la réception.

Dans l'hypothèse où le montant des sommes dues au titulaire ne permettrait pas de procéder au prélèvement de la retenue de garantie, celui-ci est tenu de constituer une garantie à première demande selon les modalités fixées à l'article 102.

Cette disposition n'est pas applicable aux organismes publics titulaires d'un marché.

Article 102

La retenue de garantie peut être remplacée au gré du titulaire par une garantie à première demande ou, si le pouvoir adjudicateur ne s'y oppose pas, par une caution personnelle et solidaire. Le montant de la garantie à première demande ou de la caution personnelle et solidaire ne peut être supérieur à celui de la retenue de garantie qu'elles remplacent. Leur objet est identique à celui de la retenue de garantie qu'elles remplacent.

La garantie à première demande ou la caution personnelle et solidaire est établie selon un modèle fixé par un arrêté du ministre chargé de l'économie.

L'organisme apportant sa garantie est choisi parmi les tiers agréés par le comité des établissements de crédit et des entreprises d'investissement mentionné à l'article L. 612-1 du code monétaire et financier ou par le comité des entreprises d'assurance mentionné à l'article L. 413-1 du code des assurances. Lorsque cet organisme est étranger, il est choisi parmi les tiers agréés dans son pays d'origine. Le pouvoir adjudicateur peut récuser l'organisme qui doit apporter sa garantie.

Lorsque le titulaire du marché est un groupement solidaire, la garantie est fournie par le mandataire pour le montant total du marché, avenants compris.

Lorsque le titulaire est un groupement conjoint, chaque membre du groupement fournit une garantie correspondant aux prestations qui lui sont confiées. Si le mandataire du groupement conjoint est solidaire de chacun des membres du groupement, la garantie peut être fournie par le mandataire pour la totalité du marché.

Dans l'hypothèse où la garantie ou la caution ne serait pas constituée ou complétée au plus tard à la date à laquelle le titulaire remet la demande de paiement correspondant au premier acompte, la fraction de la retenue de garantie correspondant à l'acompte est prélevée.

Le titulaire a la possibilité, pendant toute la durée du marché, de substituer une garantie à première demande ou, si le pouvoir adjudicateur ne s'y oppose pas, une caution personnelle et solidaire à la retenue de garantie. Toutefois, cette garantie à première demande ou cette caution personnelle et solidaire est constituée pour le montant total du marché y compris les avenants. Les montants prélevés au titre de la retenue de garantie sont reversés au titulaire après constitution de la garantie de substitution.

Article 103

La retenue de garantie est remboursée un mois au plus tard après l'expiration du délai de garantie.

En cas de retard de remboursement, des intérêts moratoires sont versés selon les modalités définies par le décret mentionné à l'article 98.

Les établissements ayant accordé leur caution ou leur garantie à première demande sont libérés un mois au plus tard après l'expiration du délai de garantie.

Toutefois, si des réserves ont été notifiées au titulaire du marché ou aux établissements ayant accordé leur caution ou leur garantie à première demande pendant le délai de garantie et si elles n'ont pas été levées avant l'expiration de ce délai, les établissements sont libérés de leurs engagements un mois au plus tard après la date de leur levée.

Sous-section 2. – Autres garanties

Article 104

En cas de résiliation d'un marché qui n'a pas prévu de retenue de garantie, lorsqu'un délai est accordé au titulaire, dans les conditions prévues à l'article 95, pour reverser au pouvoir adjudicateur 80 % du montant de l'éventuel solde créditeur apparu au profit de celui-ci, le titulaire fournit une garantie à première demande ou, si le pouvoir adjudicateur ne s'y oppose pas, une caution personnelle et solidaire.

Article 105

Le cahier des charges détermine, s'il y a lieu, les autres garanties qui peuvent être demandées au titulaire du marché pour l'exécution d'un engagement particulier.

Section 3. – Financement

Sous-section 1. – Cession ou nantissement des créances résultant des marchés

Article 106

Le pouvoir adjudicateur remet au titulaire soit une copie de l'original du marché revêtue d'une mention dûment signée, par lui, indiquant que cette pièce est délivrée en unique exemplaire en vue de permettre au titulaire de céder ou de nantir des créances résultant du marché, soit un certificat de cessibilité conforme à un modèle défini par arrêté du ministre chargé de l'économie.

La dématérialisation du certificat de cessibilité, établi selon un modèle électronique, s'effectue suivant les modalités prévues par un arrêté du ministre chargé de l'économie.

L'exemplaire unique ou le certificat de cessibilité est remis par l'organisme bénéficiaire de la cession ou du nantissement au comptable assignataire en tant que pièce justificative pour le paiement.

Lorsque le secret exigé en matière de défense fait obstacle à la remise au bénéficiaire d'une cession ou d'un nantissement de la copie du marché, le pouvoir adjudicateur délivre au titulaire un exemplaire unique ou un certificat de cessibilité ne contenant que les indications compatibles avec le secret.

Le titulaire du marché peut, pour toute autre cause, demander que le contenu de l'exemplaire unique ou du certificat de cessibilité soit réduit aux indications nécessaires à la cession ou au nantissement.

S'il est procédé à une modification dans la désignation du comptable ou dans les conditions du règlement du marché, le pouvoir adjudicateur annote l'exemplaire unique ou le certificat de cessibilité d'une mention constatant la modification.

Pour tout marché prévoyant plusieurs comptables assignataires, le pouvoir adjudicateur fournit autant d'exemplaires uniques ou de certificats de cessibilité que de comptables, en précisant dans une mention apposée sur chacun de ces documents le comptable auquel il doit être remis. Chaque document ne mentionne que la part de la créance totale que le comptable auquel il est transmis est appelé à mettre en paiement.

Dans le cas d'un marché à bons de commande ou d'un marché à tranches, il est délivré, au gré du titulaire, soit un exemplaire unique ou un certificat de cessibilité du marché, soit un exemplaire unique ou un certificat de cessibilité de chaque bon de commande ou de chaque tranche.

Dans le cas d'un marché exécuté par un groupement conjoint, il est délivré à chaque entreprise un exemplaire unique ou un certificat de cessibilité limité au montant des prestations qui lui sont confiées.

Dans le cas d'un marché exécuté par un groupement solidaire, il est délivré un exemplaire unique ou un certificat de cessibilité au nom du groupement, dès lors que les prestations réalisées par les entreprises ne sont pas individualisées. Si les prestations sont individualisées, un exemplaire unique ou un certificat de cessibilité correspondant à la prestation qu'elle exécute est délivré à chaque entreprise.

Article 107

Le bénéficiaire d'une cession ou d'un nantissement de créance au titre d'un marché public notifie ou signifie cette cession ou ce nantissement au comptable public assignataire.

Ce bénéficiaire encaisse seul, à compter de cette notification ou signification au comptable, le montant de la créance ou de la part de créance qui lui a été cédée ou donnée en nantissement.

Quand la cession ou le nantissement de créance a été constitué au profit de plusieurs bénéficiaires, chacun d'eux encaisse seul la part de la créance qui lui a été affectée dans la cession ou le nantissement dont les mentions ont été notifiées au comptable.

En cas de sous-traitance prévue dès la passation du marché, le titulaire indique dans le marché la nature et le montant des prestations qu'il envisage de confier à des sous-traitants bénéficiant, dans les conditions prévues à l'article 115 du présent code, du paiement direct. Ce montant est déduit du montant du marché pour déterminer le montant maximum de la créance que le titulaire peut céder ou donner en nantissement.

Article 108

En cas de cession ou de nantissement effectué conformément aux articles L. 313-23 à L. 313-34 du code monétaire et financier, la notification prévue à l'article L. 313-28 de ce code est adressée au comptable public assignataire désigné dans le marché dans les formes prévues à l'article R. 313-17 dudit code.

Article 109

Les bénéficiaires de nantissements ou cessions de créances peuvent, au cours de l'exécution du marché, demander au pouvoir adjudicateur soit un état sommaire des prestations effectuées, accompagné d'une évaluation qui n'engage pas le pouvoir adjudicateur, soit le décompte des droits constatés au profit du titulaire du marché ; ils peuvent demander, en outre, un état des avances et des acomptes mis en paiement. La personne chargée de fournir ces divers renseignements est désignée dans le marché.

Les mêmes bénéficiaires peuvent demander au comptable un état détaillé des oppositions au paiement de la créance détenue par le titulaire du marché qu'il a reçues.

S'ils en font la demande par lettre recommandée avec avis de réception postal, en justifiant de leur qualité, le pouvoir adjudicateur est tenu de les aviser, en même temps que le titulaire du marché, de toutes les modifications apportées au contrat qui ont un effet sur le nantissement ou la cession.

Ils ne peuvent exiger d'autres renseignements que ceux prévus ci-dessus ni intervenir en aucune manière dans l'exécution du marché.

Article 110

Les seuls fournisseurs susceptibles de bénéficier du privilège résultant de l'article L. 3253-22 du code du travail sont ceux qui ont été agréés par le pouvoir adjudicateur, dans des conditions fixées par décret.

Le privilège ne porte que sur les fournitures livrées postérieurement à la date à laquelle la demande d'agrément est parvenue à l'autorité compétente.

Sous-section 2. – Intervention d'OSEO Banque de développement des petites et moyennes entreprises (OSEO BDPME)

Article 111

Lorsque OSEO BDPME envisage d'accorder des avances de trésorerie au bénéfice des titulaires des marchés soumis aux dispositions du présent code ou au bénéfice de leurs sous-traitants ayant droit au paiement direct, il peut obtenir du pouvoir adjudicateur toute pièce justificative validant l'existence de la créance financée.

CHAPITRE II. – DISPOSITIONS RELATIVES À LA SOUS-TRAITANCE

Article 112

Le titulaire d'un marché public de travaux, d'un marché public de services ou d'un marché industriel peut sous-traiter l'exécution de certaines parties de son marché à condition d'avoir obtenu du pouvoir adjudicateur l'acceptation de chaque sous-traitant et l'agrément de ses conditions de paiement.

Un marché industriel est un marché ayant pour objet la fourniture d'équipements ou de prototypes conçus et réalisés spécialement pour répondre aux besoins du pouvoir adjudicateur.

Article 113

En cas de sous-traitance, le titulaire demeure personnellement responsable de l'exécution de toutes les obligations résultant du marché.

Article 114

L'acceptation de chaque sous-traitant et l'agrément de ses conditions de paiement sont demandés dans les conditions suivantes :

1° Dans le cas où la demande de sous-traitance intervient au moment du dépôt de l'offre ou de la proposition, le candidat fournit au pouvoir adjudicateur une déclaration mentionnant :

a) La nature des prestations sous-traitées ;

b) Le nom, la raison ou la dénomination sociale et l'adresse du sous-traitant proposé ;

c) Le montant maximum des sommes à verser par paiement direct au sous-traitant ;

d) Les conditions de paiement prévues par le projet de contrat de sous-traitance et, le cas échéant, les modalités de variation des prix ;

e) Les capacités professionnelles et financières du sous-traitant.

Il lui remet également une déclaration du sous-traitant indiquant qu'il ne tombe pas sous le coup d'une interdiction d'accéder aux marchés publics.

La notification du marché emporte acceptation du sous-traitant et agrément des conditions de paiement ;

2° Dans le cas où la demande est présentée après le dépôt de l'offre, le titulaire remet contre récépissé au pouvoir adjudicateur ou lui adresse par lettre recommandée, avec demande d'avis de réception, une déclaration contenant les renseignements mentionnés au 1°.

Le titulaire établit en outre qu'aucune cession ni aucun nantissement de créances résultant du marché ne font obstacle au paiement direct du sous-traitant, dans les conditions prévues à l'article 116, en produisant soit l'exemplaire unique ou le certificat de cessibilité du marché qui lui a été délivré, soit une attestation ou une mainlevée du bénéficiaire de la cession ou du nantissement des créances.

L'acceptation du sous-traitant et l'agrément des conditions de paiement sont alors constatés par un acte spécial signé des deux parties.

Figurent dans l'acte spécial les renseignements ci-dessus mentionnés au 1° ;

3° Si, postérieurement à la notification du marché, le titulaire envisage de confier à des sous-traitants bénéficiant du paiement direct l'exécution de prestations pour un montant supérieur à celui qui a été indiqué dans le marché ou l'acte spécial, il demande la modification de l'exemplaire unique ou du certificat de cessibilité prévus à l'article 106 du présent code.

Si cet exemplaire ou ce certificat de cessibilité a été remis en vue d'une cession ou d'un nantissement de créances et ne peut être restitué, le titulaire justifie soit que la cession ou le nantissement de créances concernant le marché est d'un montant tel qu'il ne fait pas obstacle au paiement direct de la partie sous-traitée, soit que son montant a été réduit afin que ce paiement soit possible.

Cette justification est donnée par une attestation du bénéficiaire de la cession ou du nantissement de créances résultant du marché.

Le pouvoir adjudicateur ne peut pas accepter un sous-traitant ni agréer ses conditions de paiement si l'exemplaire unique ou le certificat de cessibilité n'a pas été modifié ou si la justification mentionnée ci-dessus ne lui a pas été remise.

Toute modification dans la répartition des prestations entre le titulaire et les sous-traitants payés directement ou entre les sous-traitants eux-mêmes exige également la modification de l'exemplaire unique ou du certificat de cessibilité ou, le cas échéant, la production d'une attestation ou d'une mainlevée du ou des cessionnaires ;

4° Le silence du pouvoir adjudicateur gardé pendant vingt et un jours à compter de la réception des documents mentionnés aux 2 et 3 vaut acceptation du sous-traitant et agrément des conditions de paiement.

Article 115

Les dispositions prévues aux articles 86 à 100 s'appliquent aux sous-traitants mentionnés à l'article 114 en tenant compte des dispositions particulières ci-après :

1° Lorsque le montant du contrat de sous-traitance est égal ou supérieur à 600 € TTC, le sous-traitant, qui a été accepté et dont les conditions de paiement ont été agréées par le pouvoir adjudicateur, est payé directement, pour la partie du marché dont il assure l'exécution.

Toutefois, en ce qui concerne les marchés industriels passés par le ministère de la défense, notamment les marchés de réalisation de prototypes, de fabrication, d'assemblage, d'essais, de réparations non courantes ou de maintien en condition et de prestations intellectuelles, les sous-traitants ne sont payés directement que si le montant de leur contrat de sous-traitance est égal ou supérieur à 10 % du montant total du marché ;

2° Lorsqu'une partie du marché est sous-traitée, l'assiette de l'avance prévue à l'article 87 est réduite, pour le titulaire, au montant correspondant aux prestations lui incombant.

Une avance est versée, sur leur demande, aux sous-traitants bénéficiaires du paiement direct.

Les limites fixées à l'article 87 sont appréciées par référence au montant des prestations confiées au sous-traitant tel qu'il figure dans le marché ou dans l'acte spécial mentionné au 2° de l'article 114.

Le droit du sous-traitant à une avance est ouvert dès la notification du marché ou de l'acte spécial par le pouvoir adjudicateur.

Le remboursement de cette avance s'effectue selon les modalités prévues à l'article 88.

Si le titulaire du marché qui a perçu l'avance sous-traite une part du marché postérieurement à sa notification, il rembourse l'avance correspondant au montant des prestations sous-traitées, même dans le cas où le sous-traitant ne peut pas ou ne souhaite pas bénéficier de l'avance.

Le remboursement par le titulaire s'impute sur les sommes qui lui sont dues par le pouvoir adjudicateur dès la notification de l'acte spécial.

Article 116

Le sous-traitant adresse sa demande de paiement libellée au nom du pouvoir adjudicateur au titulaire du marché, sous pli recommandé avec accusé de réception, ou la dépose auprès du titulaire contre récépissé.

Le titulaire dispose d'un délai de quinze jours à compter de la signature de l'accusé de réception ou du récépissé pour donner son accord ou notifier un refus, d'une part, au sous-traitant et, d'autre part, au pouvoir adjudicateur ou à la personne désignée par lui dans le marché.

Le sous-traitant adresse également sa demande de paiement au pouvoir adjudicateur ou à la personne désignée dans le marché par le pouvoir adjudicateur, accompagnée des factures et de l'accusé de réception ou du récépissé attestant que le titulaire a bien reçu la demande ou de l'avis postal attestant que le pli a été refusé ou n'a pas été réclamé.

Le pouvoir adjudicateur ou la personne désignée par lui dans le marché adresse sans délai au titulaire une copie des factures produites par le sous-traitant.

Le pouvoir adjudicateur procède au paiement du sous-traitant dans le délai prévu par l'article 98. Ce délai court à compter de la réception par le pouvoir adjudicateur de l'accord, total ou partiel, du titulaire sur le paiement demandé, ou de l'expiration du délai mentionné au deuxième alinéa si, pendant ce délai, le titulaire n'a notifié aucun accord ni aucun refus, ou encore de la réception par le pouvoir adjudicateur de l'avis postal mentionné au troisième alinéa.

Le pouvoir adjudicateur informe le titulaire des paiements qu'il effectue au sous-traitant.

Article 117

Le sous-traitant qui a été accepté et dont les conditions de paiement ont été agréées peut céder ou nantir, à concurrence du montant des prestations qui lui sont réglées directement, tout ou partie de sa créance.

La copie de l'original du marché ou du certificat de cessibilité prévu à l'article 106 ou, le cas échéant, de l'acte spécial prévu à l'article 114 désignant un sous-traitant admis au paiement direct, est remise à chaque sous-traitant bénéficiant du paiement direct.

CHAPITRE III. – EXÉCUTION COMPLÉMENTAIRE

Article 118

Dans le cas particulier où le montant des prestations exécutées atteint le montant prévu par le marché, la poursuite de l'exécution des prestations est subordonnée, que les prix indiqués au marché soient forfaitaires ou unitaires, à la conclusion d'un avenant ou, si le marché le prévoit, à une décision de poursuivre prise par le pouvoir adjudicateur.

TITRE V. – DISPOSITIONS RELATIVES AU CONTRÔLE

CHAPITRE UNIQUE. – CONTRÔLE DES MARCHÉS

Section 1. – Mission interministérielle d'enquête sur les marchés publics et les délégations de service public

Article 119

Les membres de la mission interministérielle d'enquête, instituée par l'article 1er de la loi n° 91-3 du 3 janvier 1991 modifiée relative à la transparence et à la régularité des procédures de marchés et soumettant la passation de certains contrats à des règles de publicité et de mise en concurrence, sont désignés pour une période de quatre ans renouvelable.

Le secrétariat de la mission interministérielle d'enquête est assuré par la direction chargée des affaires juridiques du ministère de l'économie, des finances et de l'industrie.

Le chef de la mission interministérielle organise et dirige les travaux de la mission. Il désigne, parmi les membres de la mission, les enquêteurs chargés des affaires.

Article 120

L'enquête relative à un marché présentant, en tout ou en partie, un caractère secret relatif à la défense nationale ne peut être confiée qu'à un enquêteur préalablement habilité à connaître des informations protégées par les textes relatifs aux secrets de défense.

Article 121

Les auditions et visites auxquelles procèdent le ou les membres de la mission chargés d'une enquête en application de l'article 2 de la loi du 3 janvier 1991 susmentionnée donnent lieu à un compte rendu énonçant la nature, la date et le lieu des constatations ou contrôles effectués. Le compte rendu est signé de l'enquêteur et de la personne concernée par les investigations. En cas de refus de celle-ci, mention en est faite au compte rendu.

Article 122

Le représentant légal de la collectivité territoriale, de l'établissement public local ou de la société d'économie mixte locale concerné par l'enquête dispose d'un délai de quinze jours à compter de la notification du rapport établi par la mission interministérielle pour faire connaître ses observations éventuelles. Passé ce délai, le rapport peut être transmis au préfet.

Le rapport d'enquête est adressé aux autorités administratives qui ont demandé l'enquête ainsi qu'au Premier ministre et, le cas échéant, au procureur de la République, conformément aux dispositions de l'article 40 du code de procédure pénale.

La mission interministérielle d'enquête peut, même après l'envoi de son rapport, être consultée par les diverses autorités administratives compétentes sur les suites à lui donner et sur toutes les questions se rapportant à l'exploitation des informations figurant dans le rapport d'enquête et le dossier qui y est joint.

Article 123

L'enquête diligentée par la mission interministérielle d'enquête instituée par l'article 1er de la loi du 3 janvier 1991 susmentionnée s'effectue sans préjudice des contrôles existants et ne peut empiéter sur les fonctions de direction ou d'exécution des services.

Article 124

Le chef de mission établit annuellement un rapport d'activité dans lequel il expose les résultats obtenus, les difficultés rencontrées au cours des enquêtes et les points sur lesquels ont été constatées les irrégularités les plus fréquentes ou les plus graves. Il propose les mesures qui seraient de nature à y remédier ou à les atténuer. Il effectue un bilan de la situation par rapport à l'année antérieure. Ce rapport est adressé au Premier ministre, au garde des sceaux, ministre de la justice, et au ministre chargé de l'économie.

Section 2. – Contrôle du coût de revient des marchés publics de l'Etat

Article 125

I. – Dans les cas prévus ci-dessous, les titulaires de marchés fournissent au service contractant, si celui-ci en fait la demande, tous renseignements sur les éléments techniques et comptables du coût de revient des prestations qui font l'objet du marché.

Lesdits titulaires ont l'obligation de permettre et de faciliter la vérification éventuelle sur pièces ou sur place de l'exactitude de ces renseignements par les agents de l'administration mentionnés au IV.

Les obligations prévues ci-dessus sont applicables aux marchés de travaux, fournitures ou études pour lesquels la spécialité des techniques, le petit nombre de candidats possédant la compétence requise, des motifs de secret ou des raisons d'urgence impérieuse ne permettent pas de faire appel à la concurrence ou de la faire jouer efficacement.

Les personnes soumises aux dispositions des alinéas précédents peuvent être assujetties à présenter leurs bilans, comptes de résultat ainsi que leur comptabilité analytique ou, à défaut de celle-ci, tous documents de nature à permettre l'établissement des coûts de revient.

II. – La référence aux obligations prévues au I figure dans les documents contractuels du marché soumis au contrôle.

Le document contractuel faisant référence aux obligations prévues au I fixe les sanctions applicables si l'entreprise soumise à ces obligations refuse de communiquer des pièces ou des documents, fournit des renseignements erronés ou met obstacle à la vérification.

III. – La décision d'exercer un contrôle de coût de revient en application du I est prise par l'autorité qui a signé le marché soumis au contrôle.

IV. – Les agents ou les catégories d'agents des services de l'Etat habilités à exercer les vérifications sur pièces ou sur place en application du I sont désignés par arrêté du ministre dont ils dépendent.

Les agents des établissements publics appelés à effectuer lesdites vérifications sont habilités nommément par arrêté du ministre de tutelle.

Les agents habilités conformément aux dispositions des deux alinéas précédents peuvent être mis à la disposition de tout département ministériel pour effectuer des vérifications au profit de celui-ci.

V. – Tous les fonctionnaires ou agents qui ont connaissance à un titre quelconque des renseignements recueillis au sujet des entreprises en application du I sont astreints au secret professionnel ainsi que, le cas échéant, aux règles relatives à la protection du secret en matière de défense.

Ces renseignements ne peuvent être utilisés à des fins autres que le contrôle du coût de revient du marché soumis au contrôle ou de tout autre marché analogue.

Section 3. – Autres contrôles des marchés publics de l'Etat

Article 126

Les marchés de l'Etat, leurs avenants et les décisions de poursuivre auxquelles ils donnent éventuellement lieu sont soumis, en dehors des contrôles institués par les textes généraux en matière de dépenses de l'Etat et par le présent titre, à des contrôles fixés par chaque ministre.

TITRE VI. – DISPOSITIONS DIVERSES

CHAPITRE Ier. – RÈGLEMENT DES LITIGES

Section 1. – Comités consultatifs de règlement amiable des différends ou des litiges relatifs aux marchés publics

Article 127

Les pouvoirs adjudicateurs et les titulaires de marchés publics peuvent recourir aux comités consultatifs de règlement amiable des différends ou litiges relatifs aux marchés publics dans des conditions fixées par décret.

Ces comités ont pour mission de rechercher des éléments de droit ou de fait en vue d'une solution amiable et équitable.

La saisine d'un comité consultatif de règlement amiable interrompt le cours des différentes prescriptions.

La saisine du comité suspend les délais de recours contentieux jusqu'à la décision prise par le pouvoir adjudicateur après avis du comité.

La composition, l'organisation et les modalités de fonctionnement des comités consultatifs, notamment les pouvoirs propres de leurs présidents, sont fixées par décret.

Section 2 – Arbitrage

Article 128

Conformément à l'article 69 de la loi du 17 avril 1906 portant fixation du budget général des dépenses et des recettes de l'exercice 1906, l'Etat, les collectivités territoriales ou les établissements publics locaux peuvent, pour la liquidation de leurs dépenses de travaux et de fournitures, recourir à l'arbitrage tel qu'il est réglé par le livre IV du nouveau code de procédure civile.

Pour l'Etat, ce recours est autorisé par un décret pris sur le rapport du ministre compétent et du ministre chargé de l'économie.

CHAPITRE II. – COMMISSION DES MARCHÉS PUBLICS DE L'ÉTAT

Article 129

La Commission des marchés publics de l'Etat peut fournir aux services de l'Etat une assistance dans l'élaboration ou la passation des marchés.

Cette commission peut fournir aux collectivités territoriales la même assistance selon des modalités de mise en œuvre fixées par arrêté du ministre chargé de l'économie.

Un décret précise la composition, l'organisation et les modalités de fonctionnement de cette commission.

CHAPITRE III. – OBSERVATOIRE ÉCONOMIQUE DE L'ACHAT PUBLIC

Article 130

Un observatoire économique de l'achat public placé auprès du ministre chargé de l'économie rassemble et analyse les données relatives aux aspects économiques et techniques de la commande publique. Il constitue également une instance permanente de concertation et d'échanges d'informations avec les opérateurs économiques. Les missions, la composition, l'organisation et les modalités de fonctionnement de l'observatoire sont fixées par arrêté du ministre chargé de l'économie.

Article 131

L'observatoire effectue chaque année un recensement économique des marchés et des accords-cadres réalisés par les personnes soumises au présent code et par les personnes définies au I de l'article 3 et aux articles 4 et 5 de l'ordonnance du 6 juin 2005 susmentionnée. Les services qui passent les marchés et accords-cadres ou qui règlent les sommes dues au titre de ces marchés et accords-cadres transmettent, selon des modalités fixées par décret, les données nécessaires à ce recensement.

L'observatoire produit des données sur la part des marchés publics obtenus par des petites et moyennes entreprises au sens de l'article 48.

Article 132

L'Observatoire économique de l'achat public peut créer des groupes d'étude des marchés chargés d'élaborer, en particulier, des recommandations techniques, des cahiers des clauses techniques ou des guides techniques destinés à faciliter la passation et l'exécution des marchés publics. Les missions, la composition, l'organisation et les modalités de fonctionnement des groupes d'étude des marchés sont fixées par arrêté du ministre chargé de l'économie.

CHAPITRE IV. – LISTE DES MARCHÉS CONCLUS

Article 133

Le pouvoir adjudicateur publie au cours du premier trimestre de chaque année une liste des marchés conclus l'année précédente ainsi que le nom des attributaires. Cette liste est établie dans les conditions définies par un arrêté du ministre chargé de l'économie.

Deuxième partie :

Dispositions applicables aux entités adjudicatrices

TITRE Ier. – CHAMP D'APPLICATION ET PRINCIPES FONDAMENTAUX

Section 1. – Définitions et principes fondamentaux

Article 134

I. – Les dispositions de la présente partie s'appliquent aux marchés et accords-cadres passés par les entités adjudicatrices. Les entités adjudicatrices sont les pouvoirs adjudicateurs définis à l'article 2 lorsqu'ils exercent une des activités d'opérateurs de réseaux énumérées à l'article 135.

II. – Les dispositions de l'article 1er du présent code s'appliquent aux marchés publics et aux accords-cadres passés par des entités adjudicatrices.

Section 2. – Champ d'application

Article 135

Sont soumises aux dispositions de la présente partie les activités d'opérateurs de réseaux suivantes :

1° L'exploitation de réseaux fixes destinés à fournir un service au public dans le domaine de la production, du transport ou de la distribution d'électricité, de gaz ou de chaleur, la mise à la disposition d'un exploitant de ces réseaux, ou l'alimentation de ces réseaux en électricité, en gaz, ou en chaleur ;

2° L'exploitation de réseaux fixes destinés à fournir un service au public dans le domaine de la production, du transport ou de la distribution d'eau potable, la mise à la disposition d'un exploitant de ces réseaux, ou l'alimentation de ces réseaux en eau potable.

Sont également soumis aux dispositions de la présente partie les marchés passés par les entités adjudicatrices exerçant une des activités mentionnées à l'alinéa précédent qui sont liés :

a) Soit à l'évacuation ou au traitement des eaux usées ;

b) Soit à des projets de génie hydraulique, d'irrigation ou de drainage, pour autant que le volume d'eau utilisé pour l'alimentation en eau potable mentionnée au 2° représente plus de 20 % du volume total d'eau utilisé pour ces projets ;

3° Les activités relatives à l'exploitation d'une aire géographique dans le but de prospecter ou d'extraire du pétrole, du gaz, du charbon ou d'autres combustibles solides ;

4° Les activités relatives à l'exploitation d'une aire géographique permettant d'organiser et de mettre à disposition des transporteurs, des aéroports, des ports maritimes, des ports fluviaux, ou d'autres terminaux de transport ;

5° Les activités d'exploitation de réseaux destinés à fournir un service au public dans le domaine du transport par chemin de fer, tramways, trolleybus, autobus, autocar, câble ou tout système automatique, ou la mise à la disposition d'un exploitant de ces réseaux.

Le service de transport est regardé comme fourni par un réseau de transport lorsqu'une autorité nationale ou territoriale compétente définit les conditions générales d'organisation du service notamment en ce qui concerne les itinéraires à suivre, la capacité de transport disponible ou la fréquence du service ;

6° Les activités visant à fournir des services postaux ou les services autres que les services postaux mentionnés aux *a* à *f* ci-dessous.

Les services postaux sont les services définis aux articles L. 1 et L. 2 du code des postes et des communications électroniques.

Les services autres que les services postaux sont les services suivants, lorsqu'ils sont fournis par une entité adjudicatrice exerçant par ailleurs l'une des activités mentionnées à l'alinéa précédent :

a) Les services de gestion de services courrier ;

b) Les services de courrier électronique assurés entièrement par voie électronique, notamment la transmission sécurisée de documents codés par voie électronique, les services de gestion des adresses et la transmission de courrier électronique recommandé ;

c) Les services d'envois non postaux tel que le publipostage sans adresse ;

d) Les services bancaires et d'investissement et les services d'assurance ;

e) Les services de philatélie ;

f) Les services logistiques, associant la remise physique des colis ou leur dépôt à des fonctions autres que postales, tels que les services d'envois express.

Article 136

Les dispositions du présent code ne sont pas applicables aux accords-cadres et marchés suivants passés par les entités adjudicatrices définies à l'article 134 :

1° Accords-cadres et marchés de services conclus avec une entité adjudicatrice soumise à la présente partie ou à l'ordonnance du 6 juin 2005 susmentionnée, lorsque cette entité adjudicatrice bénéficie, sur le fondement d'une disposition légalement prise, d'un droit exclusif, à condition que cette disposition soit compatible avec le traité instituant la Communauté européenne ;

2° Accords-cadres et marchés de services qui ont pour objet l'acquisition ou la location, quelles qu'en soient les modalités financières, de terrains, de bâtiments existants ou d'autres biens immeubles, ou qui concernent d'autres droits sur ces biens ; toutefois, les contrats de services financiers conclus en relation avec le contrat d'acquisition ou de location, sous quelque forme que ce soit, entrent dans le champ d'application de la présente partie ;

3° Accords-cadres et marchés de services financiers relatifs à l'émission, à l'achat, à la vente et au transfert de titres ou d'autres instruments financiers et à des opérations d'approvisionnement en argent ou en capital des entités adjudicatrices, sous réserve des dispositions du 2° ;

4° Accords-cadres et marchés de services de recherche et de développement autres que ceux pour lesquels l'entité adjudicatrice acquiert la propriété exclusive des résultats et finance entièrement la prestation ;

5° Accords-cadres et marchés, autres que ceux qui sont passés en application du décret prévu au II de l'article 4 du présent code, qui exigent le secret ou dont l'exécution doit s'accompagner de mesures particulières de sécurité conformément aux dispositions législatives ou réglementaires en vigueur ou pour lesquels la protection des intérêts essentiels de l'Etat l'exige ;

6° Accords-cadres et marchés passés en vertu de la procédure propre à une organisation internationale ;

7° Accords-cadres et marchés passés selon des règles de passation particulières prévues par un accord international relatif au stationnement de troupes ;

8° Accords-cadres et marchés passés selon des règles de passation particulières prévues par un accord international en vue de la réalisation ou de l'exploitation en commun d'un projet ou d'un ouvrage ;

9° Accords-cadres et marchés qui ont pour objet l'achat d'œuvres et d'objets d'art existants, d'objets d'antiquité et de collection ;

10° Accords-cadres et marchés de services relatifs à l'arbitrage et à la conciliation ;

11° Accords-cadres et marchés de services concernant les contrats de travail.

Article 137

Les dispositions du présent code ne sont pas applicables aux marchés et accords-cadres passés par les entités adjudicatrices dans les cas suivants :

1° Pour l'achat d'eau, quand cet achat est réalisé par une entité adjudicatrice exerçant l'activité d'exploitation mentionnée au premier alinéa du 2° de l'article 135 ;

2° Pour l'achat d'énergie ou de combustibles destinés à la production d'énergie, quand cet achat est réalisé par une entité adjudicatrice exerçant l'activité d'exploitation définie au 1° et au 3° de l'article 135 ;

3° Lorsque ces entités fournissaient, avant le 30 avril 2004, un service de transport par autobus et que d'autres entités fournissaient librement dans les mêmes conditions ce service.

Article 138

I. – Dans les hypothèses précisées au II ci-dessous, les dispositions du présent code ne sont pas applicables aux marchés et accords-cadres passés par une entité adjudicatrice avec une entreprise liée au sens du III.

II. – Le I du présent article est applicable :

1° Aux accords-cadres et marchés de services lorsque l'entreprise liée a réalisé au cours des trois années précédant l'année de passation du marché, au moins 80 % de son chiffre d'affaires moyen en matière de services avec les personnes publiques auxquelles elle est liée ;

2° Aux accords-cadres et marchés de fournitures lorsque l'entreprise liée a réalisé au cours des trois années précédant l'année de passation du marché, au moins 80 % de son chiffre d'affaires moyen en matière de fournitures avec les personnes publiques auxquelles elle est liée ;

3° Aux accords-cadres et marchés de travaux lorsque l'entreprise liée a réalisé au cours des trois années précédant l'année de passation du marché, au moins 80 % de son chiffre d'affaires moyen en matière de travaux avec les personnes publiques auxquelles elle est liée.

Lorsque l'entreprise liée a été créée ou a commencé à exercer son activité moins de trois ans avant l'année de passation du marché ou de l'accord-cadre, elle peut se borner à démontrer, notamment par des projections d'activités, que la réalisation de son chiffre d'affaires, dans les conditions prévues aux 1°, 2° et 3° ci-dessus, est vraisemblable.

Lorsque des services, des fournitures ou des travaux, identiques ou comparables, sont fournis par plus d'une entreprise liée à l'entité adjudicatrice, le pourcentage de 80 % mentionné ci-dessus est apprécié en tenant compte de la totalité des services, des fournitures ou des travaux fournis par ces entreprises.

III. – Sont des entreprises liées à une entité adjudicatrice les entreprises qui sont soumises directement ou indirectement à l'influence dominante d'une entité adjudicatrice au sens du IV.

IV. – L'influence des entités adjudicatrices est réputée dominante lorsque celles-ci, directement ou indirectement, détiennent la majorité du capital, disposent de la majorité des droits de vote ou peuvent désigner plus de la moitié des membres de l'organe d'administration, de direction ou de surveillance.

V. – Les entités adjudicatrices communiquent à la Commission européenne, lorsqu'elle le demande, les noms des entreprises liées au sens du III, la nature et la valeur des marchés mentionnés au I et tout élément que la Commission européenne juge nécessaire pour prouver que les relations entre l'entité adjudicatrice ou l'organisme et l'entreprise à laquelle les marchés sont attribués répondent aux exigences prévues par le présent article.

Article 139

I. – Les dispositions du présent code ne sont pas applicables :

1° Aux marchés et accords-cadres passés par un organisme constitué exclusivement par des entités adjudicatrices pour exercer l'une des activités mentionnées à l'article 135 avec l'une de ces entités adjudicatrices ;

2° Aux marchés et accords-cadres passés par une entité adjudicatrice avec un organisme tel que mentionné au 1°, dont elle fait partie, lorsque cet organisme a été constitué pour exercer son activité pendant une période d'au moins trois ans et que, aux termes des statuts de cet organisme, les entités adjudicatrices qui l'ont constitué en sont parties prenantes au moins pendant cette même période.

II. – Les entités adjudicatrices communiquent à la Commission européenne, lorsqu'elle le demande, les noms des entités et organismes ainsi que la nature et la valeur des marchés mentionnés au I et tout élément que la Commission européenne juge nécessaire pour prouver que les relations entre l'entité adjudicatrice et l'organisme mentionné au I répondent aux exigences prévues par le présent article.

Article 140

Les marchés et accords-cadres passés pour l'exercice d'une activité d'opérateur de réseaux dans un Etat membre de l'Union européenne cessent d'être soumis au présent code, dès lors que la Commission européenne a constaté que, dans cet Etat, cette activité est exercée sur des marchés concurrentiels dont l'accès n'est pas limité.

TITRE II. – DISPOSITIONS GÉNÉRALES

Article 141

Les dispositions du titre II de la première partie s'appliquent aux marchés publics et accords-cadres passés par les entités adjudicatrices définies à l'article 134, sous réserve de la substitution des mots : « entité adjudicatrice » aux mots : « pouvoir adjudicateur ».

TITRE III. – PASSATION DES MARCHÉS

Article 142

Les dispositions du titre III de la première partie s'appliquent aux marchés publics et accords-cadres passés par les entités adjudicatrices définies à l'article 134, sous réserve des dispositions du présent titre et sous réserve de la substitution des mots : « entité adjudicatrice » aux mots : « pouvoir adjudicateur ».

Toutefois, les articles 26, 28, 30, 35, 36, 39, 40, 57, 62, 66, 67, 74, 76, 77 et 85 ne sont pas applicables.

CHAPITRE Ier. – COMMISSION D'APPEL D'OFFRES

Article 143

Les dispositions de l'article 25 sont applicables. Toutefois, le marché peut être attribué sans réunion préalable de la commission d'appel d'offres en cas d'urgence impérieuse prévue au 4° du II de l'article 144.

CHAPITRE II. – DÉFINITION DES SEUILS ET PRÉSENTATION DES PROCÉDURES

Section 1. – Présentation et seuils des procédures

Article 144

Les entités adjudicatrices passent leurs marchés et accords-cadres dans les conditions suivantes.

I. – Elles choisissent librement entre les procédures formalisées suivantes :

1° Procédure négociée avec mise en concurrence préalable ;

2° Appel d'offres ouvert ou restreint ;

3° Concours, défini à l'article 38 ;

4° Système d'acquisition dynamique, défini à l'article 78.

II. – Elles peuvent également recourir à la procédure négociée sans mise en concurrence préalable dans les cas suivants :

1° Pour les marchés et les accords-cadres qui n'ont fait l'objet d'aucune offre ou d'aucune offre appropriée au sens du 3° du II de l'article 35 ou pour lesquels aucune candidature n'a été déposée dans le cadre d'une procédure formalisée, pour autant que les conditions initiales du marché ne soient pas substantiellement modifiées ;

2° Pour les marchés et les accords-cadres conclus uniquement à des fins de recherche, d'essai, d'expérimentation, d'étude ou de développement sans objectif de rentabilité ou de récupération des coûts de recherche et de développement et dans la mesure où la passation d'un tel marché ne porte pas préjudice à la mise en concurrence des marchés subséquents qui poursuivent notamment un tel objectif ;

3° Pour les marchés et les accords-cadres qui ne peuvent être confiés qu'à un opérateur économique déterminé pour des raisons techniques, artistiques ou tenant à la protection de droits d'exclusivité ;

4° Les marchés et les accords-cadres conclus pour faire face à une urgence impérieuse résultant de circonstances imprévisibles pour l'entité adjudicatrice et n'étant pas de son fait, et dont les conditions de passation ne sont pas compatibles avec les délais exigés par les procédures d'appel d'offres ou de marchés négociés avec mise en concurrence préalable et, notamment, les marchés conclus pour faire face à des situations d'urgence impérieuse liées à une catastrophe technologique ou naturelle. Ces marchés sont limités aux prestations strictement nécessaires pour faire face à la situation d'urgence. Par dérogation aux dispositions du chapitre V du titre II de la première partie du présent code, lorsque l'urgence impérieuse est incompatible avec la préparation des documents constitutifs du marché, la passation du marché est confirmée par un échange de lettres ;

5° Pour les marchés complémentaires de fournitures qui sont exécutés par le fournisseur initial et qui sont destinées soit au renouvellement partiel de fournitures ou d'installations d'usage courant, soit à l'extension d'installations existantes, lorsque le changement de fournisseur obligerait l'entité adjudicatrice à acquérir un matériel de technique différente entraînant une incompatibilité avec le matériel déjà acquis ou des difficultés techniques d'utilisation et d'entretien disproportionnées ;

6° Pour les marchés complémentaires de services ou de travaux qui consistent en des prestations qui ne figurent pas dans le marché initialement conclu mais qui sont devenues nécessaires, à la suite d'une circonstance imprévue, à l'exécution du service ou à la réalisation de l'ouvrage tel qu'il est décrit dans le marché initial, à condition que l'attribution soit faite à l'opérateur économique qui a exécuté ce service ou réalisé cet ouvrage :

a) Lorsque ces services ou travaux complémentaires ne peuvent être techniquement ou économiquement séparés du marché principal sans inconvénient majeur pour l'entité adjudicatrice ;

b) Lorsque ces services ou travaux, quoiqu'ils soient séparables de l'exécution du marché initial, sont strictement nécessaires à son parfait achèvement ;

7° Pour les marchés de travaux ayant pour objet la réalisation d'ouvrages similaires à ceux qui ont été confiés au titulaire d'un marché précédent passé après mise en concurrence.

Le premier marché doit avoir indiqué la possibilité de recourir à cette procédure pour la réalisation d'ouvrages similaires. Sa mise en concurrence doit également avoir pris en compte le montant total envisagé, y compris celui des nouveaux travaux ;

8° Pour les marchés et les accords-cadres ayant pour objet l'achat de matières premières cotées et achetées en bourse ;

9° Pour les marchés passés en application d'un accord-cadre mentionné à l'article 169 ;

10° Pour les marchés et les accords-cadres ayant pour objet l'achat de fournitures qu'il est possible d'acquérir en profitant d'une occasion particulièrement avantageuse qui se présente dans une période de temps très courte et qui permet de payer un prix considérablement plus bas que les prix normalement pratiqués sur le marché ;

11° Pour les marchés et les accords-cadres ayant pour objet l'achat de fournitures à des conditions particulièrement avantageuses, soit auprès d'un fournisseur en cessation définitive d'activité, soit auprès des liquidateurs d'une faillite ou d'une procédure de même nature ;

12° Pour les marchés et les accords-cadres de services qui sont attribués à un ou plusieurs lauréats d'un concours. Lorsqu'il y a plusieurs lauréats, ils sont tous invités à négocier.

III. – Elles peuvent aussi mettre en œuvre une procédure adaptée, dans les conditions prévues par l'article 146 :

a) Lorsque le montant estimé du besoin est inférieur à 412 000 € HT pour les fournitures et les services, ou lorsque le montant estimé du besoin est inférieur à 5 150 000 € HT pour les travaux ;

b) Pour certains lots, dans les conditions prévues au III de l'article 27 ;

c) En application de l'article 148.

IV. – Les marchés peuvent également être passés sur la base d'un accord-cadre dans les conditions prévues à l'article 169.

V. – Les marchés sans formalités préalables mentionnés dans le code général des collectivités territoriales sont les marchés d'un montant inférieur au seuil fixé au III.

Section 2. – Méthode de calcul de la valeur estimée des marchés publics, des accords-cadres et des systèmes d'acquisition dynamiques

Article 145

Les dispositions de l'article 27 sont applicables, sous réserve de la substitution des mots : « au seuil prévu au III de l'article 144 » aux mots : « aux seuils prévus au II de l'article 26 ». En outre, au 1° du II de l'article 27, les mots : « la valeur des fournitures » sont remplacés par les mots : « la valeur des fournitures et services ».

Section 3. – Procédure adaptée

Article 146

Lorsque leur valeur estimée est inférieure au seuil mentionné au III de l'article 144, les marchés peuvent être passés selon une procédure adaptée dont les modalités sont librement fixées par l'entité adjudicatrice en fonction de la nature et des caractéristiques du besoin à satisfaire, du nombre ou de la localisation des opérateurs économiques susceptibles d'y répondre ainsi que des circonstances de l'achat.

Pour la détermination de ces modalités, l'entité adjudicatrice peut aussi s'inspirer des procédures formalisées prévues par le présent code, sans pour autant que les marchés en cause ne soient alors soumis aux règles formelles applicables à ces procédures. En revanche, si elle se réfère expressément à l'une des procédures formalisées prévues par le présent code, l'entité adjudicatrice est tenue d'en appliquer les modalités.

Quel que soit son choix, l'entité adjudicatrice ne peut exiger des opérateurs économiques plus de renseignements ou de documents que ceux qui sont prévus pour les procédures formalisées par les articles 45, 46 et 48.

L'entité adjudicatrice peut également décider que le marché sera passé sans publicité, voire sans mise en concurrence préalable, si les circonstances le justifient, ou si son montant estimé est inférieur à 20 000 € HT, ou dans les situations décrites au II de l'article 144.

Section 4. – Procédure applicable aux marchés de services

Article 147

Les dispositions de l'article 29 sont applicables, sous réserve de la substitution, au 6, des mots : « sous réserve des dispositions des 2° et 3° de l'article 136 » aux mots : « sous réserve des dispositions des 3° et 5° de l'article 3 » et, au 8, des mots : « sous réserve des dispositions du 4° de l'article 136 » aux mots : « sous réserve des dispositions du 6° de l'article 3 ».

Article 148

I. – Les marchés et les accords-cadres ayant pour objet des prestations de services qui ne sont pas mentionnées à l'article 29 peuvent être passés, quel que soit leur montant, selon une procédure adaptée, dans les conditions prévues par l'article 146.

II. – Toutefois :

1° Les dispositions du III de l'article 150 ne sont pas applicables ;

2° Lorsque le montant estimé des prestations demandées est égal ou supérieur à 412 000 € HT, elles sont définies conformément aux dispositions de l'article 6 et le marché fait l'objet d'un avis d'attribution dans les conditions fixées à l'article 172 ;

3° Les marchés d'un montant égal ou supérieur à 206 000 € HT sont attribués par la commission d'appel d'offres pour les collectivités territoriales ;

4° L'entité adjudicatrice veille au respect des principes déontologiques et des réglementations applicables, le cas échéant, aux professions concernées ;

5° Les marchés de services juridiques ne sont pas soumis aux dispositions du titre IV de la présente partie. En outre, ceux de ces marchés qui ont pour objet la représentation d'une collectivité territoriale en vue du règlement d'un litige ne sont pas transmis au représentant de l'Etat.

III. – Lorsqu'un marché a pour objet à la fois des prestations de services mentionnées à l'article 29 et des prestations de services qui n'y sont pas mentionnées, il est passé conformément aux règles qui s'appliquent à celle de ces deux catégories de prestations de services dont le montant estimé est le plus élevé.

CHAPITRE III. – ORGANISATION DE LA PUBLICITÉ

Section 1. – Avis périodique indicatif

Article 149

I. – A partir du seuil de 750 000 € HT pour les fournitures et les services et de 5 150 000 € HT pour les travaux, un avis périodique indicatif, conforme au modèle fixé par le règlement (CE) n° 1564/2005 susmentionné, peut être, au moins une fois par an, soit adressé pour publication à l'Office des publications officielles de l'Union européenne, soit publié sur le profil d'acheteur de l'entité adjudicatrice. Le profil d'acheteur de l'entité adjudicatrice est le site dématérialisé auquel elle a recours pour ses achats.

L'entité adjudicatrice qui publie l'avis périodique indicatif sur son profil d'acheteur envoie au préalable, par voie électronique, à l'Office des publications officielles de l'Union européenne un avis annonçant la publication de cet avis. La date de cet envoi est mentionnée sur l'avis périodique indicatif publié sur le profil d'acheteur.

II. – La publication d'un avis périodique indicatif n'est obligatoire que pour l'entité adjudicatrice qui entend recourir à la faculté de réduire les délais de réception des offres en application du II de l'article 160.

III. – Pour les marchés de fournitures et de services, cet avis indique le montant total estimé des marchés ou des accords-cadres pour chacune des catégories de produits ou de services homogènes, que l'entité adjudicatrice envisage de passer au cours des douze mois suivant la publication de l'avis.

S'il concerne des fournitures ou des services à acquérir durant un exercice budgétaire, cet avis est adressé ou publié sur le profil d'acheteur le plus rapidement possible après le début de cet exercice budgétaire.

IV. – Pour les marchés de travaux, l'avis indique les caractéristiques essentielles des marchés ou des accords-cadres que l'entité adjudicatrice entend passer.

L'avis est adressé ou publié sur le profil d'acheteur le plus rapidement possible après la décision de réaliser un programme de travaux, dans lequel s'inscrivent les marchés de travaux ou les accords-cadres que les entités adjudicatrices entendent passer.

V. – Les entités adjudicatrices peuvent publier ou faire publier des avis périodiques indicatifs relatifs à des projets importants, sans répéter l'information qui figure déjà dans un avis périodique indicatif antérieur, à condition qu'il soit clairement mentionné que ces avis constituent des avis additionnels.

VI. – Lorsque les entités adjudicatrices publient un avis périodique indicatif, elles communiquent aux candidats qui le demandent les spécifications techniques qu'elles font habituellement figurer ou qu'elles entendent désormais faire figurer dans les marchés ayant le même objet que celui mentionné dans l'avis.

Section 2. – Avis d'appel public à la concurrence

Article 150

I. – En dehors des exceptions prévues au quatrième alinéa de l'article 146 ainsi qu'au II de l'article 144, tout marché ou accord-cadre d'un montant égal ou supérieur à 20 000 € HT est précédé d'une publicité dans les conditions définies ci-après.

II. – Pour les achats de fournitures, de services et de travaux d'un montant compris entre 20 000 € HT et 90 000 € HT, ainsi que pour les achats de services relevant du I de l'article 148 d'un montant égal ou supérieur à 20 000 € HT, l'entité adjudicatrice choisit librement les modalités de publicité adaptées en fonction des caractéristiques du marché, notamment le montant et la nature des travaux, des fournitures ou des services en cause.

III. – En ce qui concerne les fournitures et les services :

1° Pour les achats d'un montant compris entre 90 000 € HT et 412 000 € HT, l'entité adjudicatrice est tenue de publier un avis d'appel public à la concurrence soit dans le *Bulletin officiel des annonces des marchés publics,* soit dans un journal habilité à recevoir des annonces légales. A compter du 1er janvier 2010, elle publie en outre cet avis sur son profil d'acheteur. L'entité adjudicatrice apprécie de plus si, compte tenu de la nature du montant des fournitures, des services ou des travaux en cause, une publication dans un journal spécialisé correspondant au secteur économique concerné est par ailleurs nécessaire pour assurer une publicité conforme aux objectifs mentionnés à l'article 1er ;

2° Pour les achats d'un montant égal ou supérieur à 412 000 € HT, l'entité adjudicatrice est tenue de publier un avis d'appel public à la concurrence dans le *Bulletin officiel des annonces des marchés publics* et au *Journal officiel* de l'Union européenne, ainsi que, à compter du 1er janvier 2010, sur son profil d'acheteur.

IV. – En ce qui concerne les travaux :

1° Pour les achats d'un montant compris entre 90 000 € HT et 5 150 000 € HT, l'entité adjudicatrice est tenue de publier un avis d'appel public à la concurrence soit dans le *Bulletin officiel des annonces des marchés publics,* soit dans un journal habilité à recevoir des annonces légales. A compter du 1er janvier 2010, elle publie en outre cet avis sur son profil d'acheteur. L'entité adjudicatrice apprécie de plus si, compte tenu de la nature ou du montant des travaux en cause, une publication dans un journal spécialisé correspondant au secteur économique concerné est par ailleurs nécessaire pour assurer une publicité conforme aux principes mentionnés à l'article 1er ;

2° Pour les achats d'un montant égal ou supérieur à 5 150 000 € HT, l'entité adjudicatrice est tenue de publier un avis d'appel public à la concurrence dans le *Bulletin officiel des annonces des marchés publics* et au *Journal officiel* de l'Union européenne, ainsi que, à compter du 1er janvier 2010, sur son profil d'acheteur.

V. – Les avis mentionnés au 2° du III et au 2° du IV sont établis, pour la publication au *Journal officiel* de l'Union européenne, conformément au modèle d'avis de marché ou au modèle d'avis périodique indicatif ou au modèle d'avis sur l'existence d'un système de qualification fixé par le règlement (CE) n° 1564/2005 susmentionné. Ces avis sont conformes au modèle prévu par arrêté du ministre chargé de l'économie lorsqu'ils sont établis pour la publication au *Bulletin officiel des annonces des marchés publics*. L'entité adjudicatrice n'est pas tenue d'y faire figurer une estimation du prix des prestations attendues. L'entité adjudicatrice peut choisir de faire paraître, en plus de ces avis, un avis d'appel public à la concurrence dans une autre publication, dans des conditions précisées par un arrêté du ministre chargé de l'économie.

Les avis d'appel public à la concurrence mentionnés au 1° du III et au 1° du IV sont établis conformément au modèle fixé par arrêté du ministre chargé de l'économie. L'entité adjudicatrice n'est pas tenue d'y faire figurer une estimation du prix des prestations attendues.

VI. – Pour les marchés passés dans le cadre d'un système d'acquisition dynamique, l'avis d'appel public à la concurrence est un avis de marché simplifié établi pour publication au *Journal officiel* de l'Union européenne conformément au modèle fixé par le règlement (CE) n° 1564/2005 susmentionné.

VII. – Les avis destinés au *Bulletin officiel des annonces des marchés publics* sont envoyés par téléprocédure.

Le *Bulletin officiel des annonces des marchés publics* est tenu de publier les avis d'appel public à la concurrence, conformément au texte transmis, dans les six jours qui suivent la date de leur réception.

Lorsque la Direction des Journaux officiels est dans l'impossibilité de publier l'édition du *Bulletin officiel des annonces des marchés publics* dans sa version imprimée, elle peut se borner à la publier, à titre temporaire, sous sa forme électronique. Dans ce cas, elle avertit immédiatement les abonnés à la version imprimée de ce bulletin de l'interruption temporaire de sa parution.

VIII. – La publication des avis dans le *Bulletin officiel des annonces des marchés publics* ne peut intervenir avant l'envoi à l'Office des publications officielles de l'Union européenne.

Ces avis ne peuvent fournir plus de renseignements que ceux qui sont contenus dans les avis adressés à l'Office précité ou publiés sur un profil d'acheteur. Ils mentionnent la date d'envoi de l'avis à cet office.

IX. – L'entité adjudicatrice doit être en mesure de faire la preuve de la date d'envoi des avis.

Article 151

I. – Lorsque l'entité adjudicatrice utilise comme avis d'appel public à la concurrence le modèle de l'avis périodique indicatif, ce document comporte les mentions prévues à l'article 149 et, en outre :

1° Fait référence spécifiquement aux fournitures, aux travaux ou aux services qui feront l'objet du marché à passer ;

2° Précise qu'aucun avis d'appel public à la concurrence ne sera publié ultérieurement et invite les opérateurs économiques à manifester leur intérêt par écrit.

II. – L'entité adjudicatrice adresse à tous les opérateurs économiques qui ont manifesté leur intérêt une lettre les invitant à confirmer cet intérêt. Cette lettre complète l'avis périodique indicatif et comprend au moins les renseignements suivants :

1° La nature et la quantité des prestations demandées, y compris celles qui relèvent d'éventuels marchés complémentaires ou de reconductions ainsi qu'une estimation du délai dans lequel l'entité adjudicatrice décidera de recourir à des marchés complémentaires ou des reconductions ;

2° Le type de procédure restreinte ou négociée choisie ;

3° Les dates auxquelles le titulaire du marché commencera ou s'achèvera la livraison des fournitures ou l'exécution des travaux ou des services ;

4° L'adresse et la date limite de dépôt des demandes visant à obtenir les documents de la consultation et l'indication de l'obligation de les rédiger en langue française ;

5° L'identification du service qui passe le marché et de celui, s'il est différent, qui fournit les renseignements nécessaires pour l'obtention des documents de la consultation ;

6° Le montant et les modalités de versement des éventuelles sommes à payer pour obtenir les documents de la consultation ;

7° Les informations relatives aux capacités professionnelles, techniques et financières exigées des candidats ;

8° Les critères d'attribution, ainsi que leur pondération ou leur hiérarchisation, si ces renseignements ne figurent pas dans l'avis périodique indicatif.

L'avis périodique indicatif devient caduc si la lettre mentionnée au premier alinéa n'est pas envoyée dans un délai de douze mois à compter de la publication de l'avis.

CHAPITRE IV. – SYSTÈME DE QUALIFICATION

Article 152

I. – Une entité adjudicatrice peut établir et gérer un système de qualification d'opérateurs économiques. Un système de qualification d'opérateurs économiques est un système de présélection d'opérateurs jugés aptes à réaliser tel ou tel type de prestations.

Pour le créer, l'entité adjudicatrice publie un avis sur l'existence d'un système de qualification dans les conditions prévues à l'article 150. Cet avis indique l'objet du système et les modalités d'accès aux critères et aux règles sur lesquels il repose. Il fixe sa durée ou indique qu'il est de durée indéterminée. Dans le cas où la durée de ce système est supérieure à trois ans, la publication de l'avis est renouvelée chaque année.

II. – Le système de qualification d'opérateurs économiques repose sur des critères et des règles de qualification objectifs. Parmi ces critères, peut être retenue la capacité des candidats à respecter des spécifications techniques au sens de l'article 6.

III. – Lorsque l'entité adjudicatrice fixe des critères et des règles de qualification comportant des exigences relatives à la capacité professionnelle, technique et financière de l'opérateur économique, les dispositions de l'article 45 s'appliquent pendant toute la période de validité du système de qualification.

IV. – L'entité adjudicatrice veille à ce que les opérateurs économiques puissent à tout moment demander à être qualifiés. Les critères et règles de qualification leur sont fournis à leur demande. La mise à jour des critères et des règles leur est communiquée.

V. – L'entité adjudicatrice peut recourir à un système de qualification établi par un tiers. Elle en informe les opérateurs économiques intéressés.

Article 153

Lorsqu'elle gère un système de qualification ou lorsqu'elle recourt à un tel système pour le choix des candidats admis à participer à une procédure restreinte ou négociée, l'entité adjudicatrice assure l'égalité de traitement des opérateurs économiques. Elle ne peut ni imposer des conditions administratives, techniques ou financières à certains opérateurs économiques qui n'auraient pas été imposées à d'autres, ni exiger des essais ou des justifications qui feraient double emploi avec des preuves objectives déjà disponibles.

Article 154

I. – L'opérateur économique qui demande à être qualifié, est informé de la décision prise à son sujet dans un délai de quatre mois à compter du dépôt de sa demande. Ce délai peut être prolongé de deux mois au plus, à condition que l'opérateur économique qui demande à être qualifié soit informé de cette prolongation dans les deux mois qui suivent sa demande. Les motifs de cette prolongation ainsi que la date à laquelle une décision sera prise lui sont également indiqués.

II. – Lorsque l'entité adjudicatrice décide de rejeter une demande de qualification, elle informe l'opérateur économique des motifs de sa décision, dans un délai maximal de quinze jours à compter de la date de cette décision. Ces motifs doivent être fondés sur les critères de qualification mentionnés au II de l'article 152.

III. – Une entité adjudicatrice ne peut mettre fin à la qualification d'un opérateur économique que pour des motifs fondés sur les critères de qualification mentionnés au II de l'article 152. L'intention de mettre fin à la qualification est préalablement notifiée à cet opérateur, par écrit motivé, au moins quinze jours avant la date prévue pour mettre fin à la qualification.

Article 155

Un relevé des opérateurs économiques qualifiés est conservé par l'entité adjudicatrice. Il est divisé en catégories par types de marchés pour la passation desquels la qualification est valable.

CHAPITRE V. – SÉLECTION DES CANDIDATURES

Article 156

En cas de procédure restreinte ou négociée, les dispositions de l'article 52 sont applicables.

Toutefois :

1° L'entité adjudicatrice peut limiter le nombre des candidats admis à présenter une offre à un niveau justifié par le souci de proportionner les moyens mis en œuvre aux exigences de la procédure choisie. Le nombre des candidats retenus tient compte de la nécessité d'assurer une concurrence suffisante.

2° Lorsque l'entité adjudicatrice utilise l'avis sur l'existence du système de qualification défini à l'article 152 comme avis d'appel public à la concurrence, les candidats admis à présenter une offre sont sélectionnés parmi les opérateurs économiques qualifiés selon un tel système.

CHAPITRE VI. – DISPOSITIONS PARTICULIÈRES RELATIVES AUX OFFRES

Article 157

Les dispositions de l'article 50 sont applicables.

Toutefois, lorsque l'avis d'appel public à la concurrence ou les documents de la consultation ne précisent pas si les variantes sont autorisées, elles sont admises.

Article 158

Les dispositions de l'article 54 sont applicables, sous réserve de la substitution des mots : « au seuil fixé au III de l'article 144 » aux mots : « aux seuils fixés au II de l'article 26 ».

Article 159

Lorsque les offres présentées dans le cadre de la passation d'un marché de fournitures contiennent des produits originaires de pays tiers avec lesquels la Communauté européenne n'a conclu aucun accord dans un cadre multilatéral ou bilatéral assurant un accès effectif des entreprises de la Communauté européenne aux marchés de ces pays, ces offres peuvent être rejetées lorsque la part des produits originaires des pays tiers excède 50 % de la valeur totale des produits composant ces offres. Pour l'application du présent article, les logiciels utilisés dans les équipements de réseaux de télécommunications sont considérés comme des produits.

Lorsque deux ou plusieurs offres sont équivalentes au regard des critères d'attribution, une préférence est accordée à celle des offres qui ne peut être rejetée en application des dispositions de l'alinéa précédent. Pour l'application de ces dispositions, deux offres sont considérées comme équivalentes si l'écart entre leur prix n'excède pas 3 %.

Une offre n'est toutefois pas préférée à une offre équivalente lorsque ce choix conduirait l'entité adjudicatrice à acquérir un matériel présentant des caractéristiques techniques différentes de celles du matériel qu'elle possède déjà et entraînerait des difficultés techniques d'utilisation ou d'entretien ou des coûts disproportionnés.

CHAPITRE VII. – DISPOSITIONS PARTICULIÈRES RELATIVES AUX PROCÉDURES DE PASSATION

Section 1. – Dispositions particulières pour l'appel d'offres ouvert

Article 160

Lorsque les entités adjudicatrices choisissent la procédure d'appel d'offres ouvert, les dispositions suivantes s'appliquent.

I. – Un avis d'appel public à la concurrence est publié dans les conditions prévues à l'article 150.

II. – 1° Le délai de réception des offres ne peut être inférieur à cinquante-deux jours à compter de la date d'envoi de l'avis d'appel public à la concurrence.

2° Ce délai minimal peut être ramené à vingt-deux jours lorsque trois conditions sont réunies :

a) L'avis périodique indicatif prévu à l'article 149 a été publié ;

b) Cet avis a été envoyé à la publication cinquante-deux jours au moins et douze mois au plus avant la date d'envoi de l'avis d'appel public à la concurrence ;

c) Il contient les mêmes renseignements que ceux qui figurent dans l'avis d'appel public à la concurrence, pour autant que ces renseignements soient disponibles au moment de l'envoi de l'avis périodique indicatif.

5° Les délais mentionnés aux 1° et 2° peuvent être réduits de sept jours lorsque l'avis d'appel public à la concurrence est envoyé par voie électronique.

6° Le délai mentionné au 1° peut être réduit de cinq jours lorsque l'entité adjudicatrice offre, par voie électronique et à compter de la publication de l'avis d'appel public à la concurrence, un accès libre, direct et complet aux documents de la consultation en indiquant dans le texte de l'avis l'adresse internet à laquelle ces documents peuvent être consultés.

7° Les délais mentionnés aux 5° et 6° peuvent être cumulés sauf si l'entité adjudicatrice a réduit le délai minimal à vingt-deux jours suite à la publication d'un avis périodique indicatif en application du 2°.

III. – Lorsque les documents de la consultation ne sont pas accessibles par voie électronique, ils sont envoyés aux opérateurs économiques qui les demandent en temps utile dans les six jours qui suivent leur demande.

IV. – Les renseignements complémentaires demandés en temps utile sont envoyés aux opérateurs économiques six jours au plus tard avant la date limite de réception des offres.

V. – Les délais minimaux mentionnés au II sont prolongés dans les hypothèses suivantes :

1° Lorsque les délais prévus aux III et IV ne peuvent être respectés ;

2° Lorsque les offres ne peuvent être déposées qu'à la suite d'une visite sur les lieux d'exécution du marché ou après consultation sur place de documents complémentaires.

Les candidats sont informés du nouveau délai ainsi fixé.

VI. – Les dossiers des candidats sont transmis par tout moyen permettant de déterminer de façon certaine la date et l'heure de leur réception et d'en garantir la confidentialité. Ils doivent comporter une enveloppe contenant les renseignements relatifs à la candidature et une enveloppe contenant l'offre.

Article 161

I. – Les dispositions de l'article 58 sont applicables, sous réserve de la suppression, à son III, des mots : « ainsi que les offres irrégulières ou inacceptables au sens du 1° du I de l'article 35 ».

II. – Les dispositions de l'article 59 sont applicables, sous réserve de la suppression, au premier alinéa de son III, des mots : « ou des offres irrégulières ou inacceptables au sens du 1° du I de l'article 35 » et de la substitution, au 1° du deuxième alinéa de son III, des mots : « dans les conditions prévues au 1° du II de l'article 144 dans le cas des offres inappropriées » aux mots : « dans les conditions prévues au 3° du II de l'article 35 dans le cas d'offres inappropriées ou au 1° du I de l'article 35 dans le cas d'offres irrégulières ou inacceptables ».

Section 2. – Dispositions particulières pour l'appel d'offres restreint

Article 162

Lorsque les entités adjudicatrices choisissent la procédure d'appel d'offres restreint, les dispositions de l'article 60 sont applicables.

Toutefois :

1° L'avis d'appel public à la concurrence est publié dans les conditions définies à l'article 150 ;

2° Lorsque l'entité adjudicatrice décide de limiter le nombre de candidats qui seront admis à présenter une offre, elle n'est pas tenue de fixer ce nombre minimum à cinq ;

3° Le délai minimal de réception des candidatures, en réponse à un avis d'appel public à la concurrence ou en réponse à une invitation mentionnée à l'article 151 est de vingt-deux jours à compter de la date d'envoi de l'avis ou de l'invitation, ou de quinze jours si l'avis a été envoyé par voie électronique.

Article 163

I. – Une lettre de consultation est envoyée simultanément à tous les candidats sélectionnés.

Cette lettre de consultation comporte au moins :

1° Les documents de la consultation ou, s'ils ne sont pas détenus par l'entité adjudicatrice, l'adresse du service auprès duquel les documents de la consultation peuvent être immédiatement obtenus sur demande et la date limite pour présenter cette demande, ou encore, les conditions de l'accès à ces documents s'ils sont mis à disposition directe par voie électronique ;

2° La date et l'heure limites de réception des offres, l'adresse à laquelle elles sont transmises et la mention de l'obligation de les rédiger en langue française ;

3° Les références de l'avis d'appel public à la concurrence publié ;

4° Le cas échéant, la date limite pour demander des renseignements complémentaires ;

5° La liste des documents à fournir avec l'offre.

II. – La date limite de réception des offres peut être fixée d'un commun accord entre l'entité adjudicatrice et les candidats sélectionnés.

A défaut d'accord sur la date limite de réception des offres, l'entité adjudicatrice fixe un délai qui est alors au moins de dix jours à compter de l'envoi de la lettre de consultation.

III. – Lorsque les renseignements complémentaires ne sont pas mis à disposition par voie électronique, ils sont envoyés aux opérateurs économiques qui les demandent en temps utile au plus tard six jours avant la date limite de réception des offres.

IV. – Le délai minimal mentionné au II est prolongé dans les hypothèses suivantes :

1° Lorsque les délais prévus au III ne peuvent être respectés ;

2° Lorsque les offres ne peuvent être déposées qu'à la suite d'une visite sur les lieux d'exécution du marché ou après consultation sur place de documents complémentaires.

Les candidats sont informés du nouveau délai ainsi fixé.

V. – Les offres sont transmises par tout moyen permettant de déterminer de façon certaine la date et l'heure de leur réception et d'en garantir la confidentialité.

Article 164

I. – Les dispositions de l'article 63 sont applicables, sous réserve de la suppression des mots : « ainsi que les offres irrégulières ou inacceptables au sens du 1° du I de l'article 35 ».

II. – Les dispositions de l'article 64 sont applicables, sous réserve de la suppression, au premier alinéa de son III, des mots : « ou des offres irrégulières ou inacceptables au sens du 1° du I de l'article 35 » et de la substitution, au 1° du deuxième alinéa de son III, des mots : « dans les conditions prévues au 1° du II de l'article 144 dans le cas des offres inappropriées » aux mots : « dans les conditions prévues au 3° du II de l'article 35 dans le cas des offres inappropriées ou au 1° du I de l'article 35 dans le cas des offres irrégulières ou inacceptables ».

Section 3. – Dispositions particulières pour la procédure négociée avec mise en concurrence

Article 165

Lorsque les entités adjudicatrices choisissent la procédure négociée avec mise en concurrence, les dispositions de l'article 65 sont applicables.

Toutefois :

1° Lorsqu'il doit être procédé à un avis d'appel public à la concurrence, cet avis est publié dans les conditions prévues à l'article 150.

2° Lorsque l'entité adjudicatrice décide de limiter le nombre de candidats qui seront admis à présenter une offre, elle n'est pas tenue de fixer ce nombre minimum à trois.

3° Le délai minimal de réception des candidatures, en réponse à un avis de marché ou en réponse à une invitation faite par l'entité adjudicatrice en vertu de l'article 151, est de vingt-deux jours à compter de la date d'envoi de l'avis ou de l'invitation ou de quinze jours si l'avis a été envoyé par voie électronique.

Article 166

I. – Une lettre de consultation est envoyée simultanément à tous les candidats sélectionnés.

Cette lettre de consultation comporte au moins :

1° Les documents de la consultation ou, s'ils ne sont pas détenus par l'entité adjudicatrice, l'adresse du service auprès duquel les documents de la consultation peuvent être immédiatement obtenus sur demande et la date limite pour présenter cette demande, ou encore, les conditions d'accès à ces documents s'ils sont mis à disposition directe par voie électronique ;

2° La date et l'heure limites de réception des offres, l'adresse à laquelle elles sont transmises et la mention de l'obligation de les rédiger en langue française ;

3° Les références de l'avis d'appel public à la concurrence publié ;

4° Le cas échéant, la date limite pour demander des renseignements complémentaires ;

5° La liste des documents à fournir avec l'offre.

II. – La date limite de réception des offres peut être fixée d'un commun accord entre l'entité adjudicatrice et les candidats sélectionnés.

A défaut d'accord sur la date limite de réception des offres, l'entité adjudicatrice fixe un délai qui est alors au moins de dix jours à compter de l'envoi de la lettre de consultation.

III. – Lorsque les renseignements complémentaires ne sont pas mis à disposition par voie électronique, ils sont envoyés aux opérateurs économiques qui les demandent en temps utile au plus tard six jours avant la date limite de réception des offres.

IV. – Le délai minimal prévu au II est prolongé dans les hypothèses suivantes :

1° Lorsque le délai prévu au III ne peut être respecté ;

2° Lorsque les offres ne peuvent être déposées qu'à la suite d'une visite sur les lieux d'exécution du marché ou après consultation sur place de documents complémentaires.

Les candidats sont informés du nouveau délai ainsi fixé.

V. – Les offres sont transmises par tout moyen permettant de déterminer de façon certaine la date et l'heure de leur réception et d'en garantir la confidentialité.

VI. – Seuls peuvent être ouverts les plis qui ont été reçus au plus tard à la date et l'heure limites qui ont été annoncées dans la lettre de consultation.

Les offres inappropriées au sens du 3° du II de l'article 35 sont éliminées.

La négociation est engagée avec les candidats sélectionnés. Elle ne peut ni porter sur l'objet du marché ni modifier substantiellement les caractéristiques et les conditions d'exécution du marché tels qu'elles sont définies dans les documents de la consultation.

La négociation est conduite dans le respect du principe d'égalité de traitement de tous les candidats. Les informations données aux candidats ne peuvent être de nature à avantager certains d'entre eux. Les solutions proposées ou les informations confidentielles communiquées par un candidat lors de la négociation ne peuvent, sauf son accord, être révélées aux autres candidats par l'entité adjudicatrice.

La procédure négociée peut se dérouler en phases successives à l'issue desquelles certains candidats sont éliminés, par application des critères de sélection des offres établis conformément à l'article 53 et indiqués dans l'avis d'appel public à la concurrence ou dans les documents de la consultation. Le recours à cette faculté d'élimination est prévu dans l'avis d'appel public à la concurrence ou dans les documents de la consultation.

VII. – Au terme des négociations, après classement des offres conformément au III de l'article 53, l'offre économiquement la plus avantageuse est choisie en application du ou des critères annoncés dans l'avis d'appel public à la concurrence ou dans le règlement de la consultation. Ce choix est effectué par la commission d'appel d'offres pour les collectivités territoriales.

En cas d'urgence impérieuse prévue au 4° du II de l'article 144, il est procédé conformément aux dispositions du dernier alinéa de l'article 25.

Si le candidat dont l'offre a été retenue ne peut produire les attestations et certificats mentionnés aux I et II de l'article 46, son offre est rejetée et il est procédé conformément au III du même article.

Lorsque le candidat dont l'offre a été retenue produit les attestations et certificats mentionnés à l'alinéa précédent, les candidats dont l'offre n'a pas été retenue sont informés du rejet de celle-ci conformément au I de l'article 80.

Le marché est alors notifié et un avis d'attribution est publié.

A tout moment, la procédure peut être déclarée sans suite pour des motifs d'intérêt général. Les candidats en sont informés.

Section 4. – Dispositions particulières pour le concours

Article 167

Lorsque les entités adjudicatrices choisissent la procédure de concours, les dispositions de l'article 70 sont applicables.

Toutefois, l'avis d'appel public à la concurrence est publié conformément aux dispositions de l'article 150.

Section 5. – Dispositions particulières pour la maîtrise d'œuvre

Article 168

I. – Les marchés de maîtrise d'œuvre ont pour objet, en vue de la réalisation d'un ouvrage ou d'un projet urbain ou paysager, l'exécution d'un ou plusieurs éléments de mission définis par l'article 7 de la loi du 12 juillet 1985 susmentionnée et par le décret du 29 novembre 1993 susmentionné.

II. – Les marchés de maîtrise d'œuvre d'un montant inférieur au seuil prévu au III de l'article 144 peuvent être passés selon la procédure adaptée prévue par l'article 146. Dans le cas de marchés de maîtrise d'œuvre passés en procédure adaptée, toute remise de prestations donne lieu au versement d'une prime.

III. – Pour les marchés de maîtrise d'œuvre d'un montant supérieur au seuil prévu au III de l'article 144, l'entité adjudicatrice peut recourir soit à la procédure négociée avec mise en concurrence ou, si les conditions mentionnées au II de l'article 144 sont remplies, sans mise en concurrence, soit à l'appel d'offres, soit à la procédure du concours.

1° Lorsque l'entité adjudicatrice choisit la procédure négociée avec mise en concurrence, la mise en compétition peut être limitée à l'examen des compétences, références et moyens humains et matériels des candidats. L'entité adjudicatrice, après avis du jury tel que défini au I de l'article 24, dresse la liste des candidats admis à négocier, dont le nombre ne peut être inférieur à trois sauf si le nombre de candidats n'est pas suffisant. L'entité adjudicatrice engage les négociations. Au terme de ces négociations, le marché est attribué.

2° Lorsque l'entité adjudicatrice choisit la procédure d'appel d'offres, il est composé un jury dans les conditions définies au I de l'article 24. Dans ce cas, les membres de ce jury désignés en application des *d* et *e* du I de l'article 24 ont voix consultative.

3° Lorsque l'entité adjudicatrice choisit la procédure du concours, elle respecte la procédure du concours restreint, telle qu'elle est prévue aux articles 70 et 167.

En outre, pour les ouvrages auxquels sont applicables les dispositions de la loi susmentionnée du 12 juillet 1985 en vertu de son article 1er, les dispositions suivantes sont mises en œuvre.

Les candidats ayant remis des prestations conformes au règlement du concours bénéficient d'une prime. L'avis d'appel public à la concurrence indique le montant de cette prime. Le montant de la prime attribuée à chaque candidat est égal au prix estimé des études à effectuer par les candidats telles que définies dans l'avis d'appel public à la concurrence et précisées dans le règlement du concours, affecté d'un abattement au plus égal à 20 %.

La rémunération du marché de maîtrise d'œuvre tient compte de la prime reçue pour sa participation au concours par le candidat attributaire.

IV. – Dans le cadre d'une procédure unique, le marché ou l'accord-cadre de maîtrise d'œuvre faisant suite à plusieurs marchés de définition ayant un même objet et exécutés simultanément peut être attribué après remise en concurrence des seuls titulaires des marchés de définition, dans les conditions prévues au troisième alinéa de l'article 73.

V. – Pour les collectivités territoriales et les établissements publics locaux à l'exception des établissements publics de santé et des établissements publics sociaux ou médico-sociaux, c'est l'assemblée délibérante qui attribue le ou les marchés de maîtrise d'œuvre.

Section 6. – Dispositions particulières pour le marché de conception-réalisation

Article 168-1

I. – Les dispositions du I de l'article 69 sont applicables aux marchés de conception-réalisation passés par les entités adjudicatrices soumises à la loi du 12 juillet 1985 susmentionnée.

II. – Toutefois, les marchés de conception-réalisation peuvent être passés par les entités adjudicatrices selon la procédure négociée après mise en concurrence.

III. – Les dispositions de l'article 146 sont applicables aux marchés de conception- réalisation.

IV. – Dans tous les cas mentionnés aux I, II et III, lorsque les documents de la consultation ont prévu la remise de prestations, ils mentionnent également le montant des primes et les modalités de réduction ou de suppression des primes des candidats dont l'offre ne répondait pas aux documents de la consultation. Le montant de la prime attribuée à chaque candidat est égal au prix estimé des études de conception à effectuer telles que définies par le règlement de la consultation, affecté d'un abattement au plus égal à 20 %. La rémunération de l'attributaire du marché tient compte de la prime qu'il a reçue.

CHAPITRE VIII. – DISPOSITIONS PARTICULIÈRES POUR LES ACCORDS-CADRES ET MARCHÉS À BONS DE COMMANDE

Article 169

Les entités adjudicatrices peuvent conclure des accords-cadres et des marchés à bons de commandes dans les conditions suivantes :

1° Pour conclure un accord-cadre, l'entité adjudicatrice respecte les règles applicables à l'une des procédures formalisées définies au I de l'article 144. Le choix des titulaires de l'accord-cadre ainsi que des titulaires des marchés passés sur la base de ces accords-cadres est opéré par application des critères définis conformément à l'article 53.

2° Les marchés passés sur la base d'un accord-cadre peuvent être conclus par les entités adjudicatrices selon la procédure négociée sans mise en concurrence préalable dans les conditions prévues au 9° du II de l'article 144.

3° Lors de la passation des marchés conclus sur la base d'un accord-cadre, les parties ne peuvent en aucun cas apporter de modifications substantielles aux termes fixés dans cet accord-cadre.

4° La durée des accords-cadres et des marchés à bons de commande passés par les entités adjudicatrices n'est pas limitée à quatre ans.

CHAPITRE IX. – ACHÈVEMENT DE LA PROCÉDURE

Article 170

Les dispositions de l'article 79 sont applicables, sous réserve de la substitution, à son 6°, des mots : « 420 000 € HT » aux mots : « 206 000 € HT » et de la suppression de son 7°.

Article 171

Les dispositions de l'article 81 sont applicables, sous réserve de la substitution des mots : « prévu au 4° du II de l'article 144 » aux mots : « prévu au 1° du II de l'article 35 ».

Article 172

I. – Pour les marchés et les accords-cadres donnant lieu à l'une des procédures formalisées et pour les marchés de services relevant de l'article 148 d'un montant égal ou supérieur à 412 000 € HT, l'entité adjudicatrice envoie pour publication, dans un délai de deux mois à compter de la notification du marché ou de l'accord-cadre, un avis d'attribution. L'entité adjudicatrice est dispensée d'envoyer un avis d'attribution pour les marchés fondés sur un accord-cadre.

L'entité adjudicatrice envoie un avis sur le résultat de la passation des marchés fondés sur un système d'acquisition dynamique, au plus tard deux mois après la notification de chaque marché. Toutefois, elle peut n'envoyer qu'un avis global chaque trimestre, au plus tard deux mois après la fin de chaque trimestre.

II. – L'avis d'attribution est publié dans l'organe qui a assuré la publication de l'avis d'appel public à la concurrence et selon les mêmes modalités de transmission que celles définies à l'article 150 du présent code.

III. – Pour les marchés de fournitures et de services d'un montant égal ou supérieur à 412 000 € HT et pour les marchés de travaux d'un montant égal ou supérieur à 5 150 000 € HT, l'avis est établi pour la publication au *Journal officiel* de l'Union européenne conformément aux modèles fixés par le règlement (CE) n° 1564/2005 susmentionné. Cet avis est conforme au modèle prévu par arrêté du ministre chargé de l'économie lorsqu'il est établi pour la publication au *Bulletin officiel des annonces des marchés publics*.

IV. – Pour les marchés relevant de l'article 148 d'un montant égal ou supérieur à 412 000 € HT, l'entité adjudicatrice adresse un avis d'attribution à l'Office des publications officielles de l'Union européenne et au *Bulletin officiel des annonces des marchés publics* en indiquant si elle en accepte la publication.

V. – L'entité adjudicatrice peut, si elle fait valoir le caractère commercial sensible du marché, ne pas mentionner certaines informations concernant le nombre d'offres reçues, l'identité des candidats et les prix.

VI. – Lorsque l'entité adjudicatrice passe un marché de services de recherche et de développement par une procédure sans mise en concurrence conformément au 2° du II de l'article 144, elle peut limiter les renseignements sur la nature et la quantité des services fournis à la mention « services de recherche et de développement ».

Lorsque l'entité adjudicatrice passe un marché de recherche et de développement qui ne peut pas être passé par une procédure sans mise en concurrence conformément au 2° du II de l'article 144, elle peut limiter les renseignements sur la nature et la quantité des services fournis lorsque des préoccupations de secret commercial rendent cette précaution nécessaire.

Dans ces cas, elle veille à ce que les informations publiées soient au moins aussi détaillées que celles qui figurent dans l'avis d'appel public à la concurrence publié conformément à l'article 150.

VII. – Si elle utilise un système de qualification, l'entité adjudicatrice veille à ce que les informations publiées dans l'avis d'attribution soient aussi détaillées que celles qui figurent dans le relevé défini à l'article 155.

TITRE IV. – EXÉCUTION DES MARCHÉS

Article 173

Les dispositions du titre IV de la première partie s'appliquent aux marchés publics et accords-cadres passés par les entités adjudicatrices définies à l'article 134, sous réserve de la substitution des mots : « entité adjudicatrice » aux mots : « pouvoir adjudicateur ».

TITRE V. – DISPOSITIONS RELATIVES AU CONTRÔLE

Article 174

Les dispositions du titre V de la première partie s'appliquent aux marchés publics et accords-cadres passés par les entités adjudicatrices définies à l'article 134, sous réserve de la substitution des mots : « entité adjudicatrice » aux mots : « pouvoir adjudicateur ».

TITRE VI. – DISPOSITIONS DIVERSES

Article 175

Les dispositions du titre VI de la première partie s'appliquent aux marchés publics et accords-cadres passés par les entités adjudicatrices définies à l'article 134, sous réserve de la substitution des mots : « entité adjudicatrice » aux mots : « pouvoir adjudicateur ».

Troisième partie :

DISPOSITIONS DIVERSES

Article 176

Lorsqu'une personne publique agit à la fois en tant que pouvoir adjudicateur et en tant qu'entité adjudicatrice, elle peut, pour satisfaire un besoin concernant à la fois une activité relevant de la première partie du présent code et une activité relevant de sa deuxième partie, passer un seul marché ou passer deux marchés distincts, mais ce choix ne peut être effectué dans le but de soustraire ces marchés au champ d'application du présent code.

Lorsqu'elle choisit de ne passer qu'un seul marché :

1° Si le besoin à satisfaire est principalement lié à son activité de pouvoir adjudicateur, les règles applicables sont celles de la première partie ;

2° Si le besoin à satisfaire est principalement lié à son activité d'entité adjudicatrice, les règles applicables sont celles de la deuxième partie.

S'il est impossible d'établir à qui le marché est principalement destiné, du pouvoir adjudicateur ou de l'entité adjudicatrice, les règles applicables sont celles de la première partie du présent code.

Si un marché est relatif à une activité entrant dans le champ de la deuxième partie et à une activité qui n'entre ni dans le champ de la première partie, ni dans le champ de la deuxième partie, si le marché est principalement relatif à la première des activités ou s'il est impossible d'établir à laquelle de ces deux activités le marché est principalement destiné, les règles applicables sont celles de la deuxième partie du présent code.

Quatrième partie :

DISPOSITIONS APPLICABLES AUX COLLECTIVITÉS D'OUTRE-MER

CHAPITRE Ier. – DISPOSITIONS APPLICABLES À SAINT-PIERRE-ET-MIQUELON

Article 177

Les dispositions du présent code sont applicables à Saint-Pierre-et-Miquelon sous réserve des adaptations suivantes :

1° Le *e* du I de l'article 24 n'est pas applicable.

2° Le III de l'article 40 est rédigé comme suit :

« III. – S'agissant des fournitures et services :

« 1° Pour les marchés d'un montant compris entre 90 000 € HT et 210 000 € HT, le pouvoir adjudicateur est tenu d'émettre un avis par voie radiophonique dans des conditions telles qu'il puisse susciter une mise en concurrence suffisante et de publier un avis d'appel public à la concurrence soit dans une publication locale soit, si les caractéristiques et le montant du marché le justifient, dans le *Bulletin officiel des annonces des marchés publics* ou dans un journal habilité à recevoir des annonces légales ou dans un journal spécialisé correspondant au secteur économique concerné ou dans une publication équivalente diffusée dans la région géographique de Saint-Pierre-et-Miquelon ;

« 2° Pour les marchés, les accords-cadres, les systèmes d'acquisition dynamique, et les marchés passés sur la base d'un système d'acquisition dynamique, d'un montant égal ou supérieur à 210 000 € HT, le pouvoir adjudicateur est tenu, d'une part, d'émettre un avis par voie radiophonique dans des conditions telles qu'il puisse susciter une mise en concurrence suffisante ou de publier un avis d'appel public à la concurrence dans une publication locale et, d'autre part, de publier un avis d'appel public à la concurrence dans le *Bulletin officiel des annonces des marchés publics* ou dans un journal habilité à recevoir des annonces légales ou dans un journal spécialisé correspondant au secteur économique concerné ou dans une publication équivalente diffusée dans la région géographique de Saint-Pierre-et-Miquelon. »

3° Le IV de l'article 40 est rédigé comme suit :

« IV. – S'agissant des travaux :

« 1° Pour les marchés d'un montant compris entre 90 000 € HT et 5 270 000 € HT, le pouvoir adjudicateur est tenu d'émettre un avis par voie radiophonique dans des conditions telles qu'il puisse susciter une mise en concurrence suffisante et de publier un avis d'appel public à la concurrence soit dans une publication locale soit, si les caractéristiques et le montant du marché le justifient, dans le *Bulletin officiel des annonces des marchés publics* ou dans un journal habilité à recevoir des annonces légales ou dans un journal spécialisé correspondant au secteur économique concerné ou dans une publication équivalente diffusée dans la région géographique de Saint-Pierre-et-Miquelon ;

« 2° Pour les marchés et les accords-cadres d'un montant égal ou supérieur à 5 270 000 € HT, le pouvoir adjudicateur est tenu, d'une part, d'émettre un avis par voie radiophonique dans des conditions telles qu'il puisse susciter une mise en concurrence suffisante ou de publier un avis d'appel public à la concurrence dans une publication locale et, d'autre part, de publier un avis d'appel public à la concurrence dans le *Bulletin officiel des annonces des marchés publics* ou dans un journal habilité à recevoir des annonces légales ou dans un journal spécialisé correspondant au secteur économique concerné ou dans une publication équivalente diffusée dans la région géographique de Saint-Pierre-et-Miquelon. »

CHAPITRE II. – DISPOSITIONS APPLICABLES À MAYOTTE

Article 178

Les dispositions de la première partie du présent code sont applicables à Mayotte sous réserve des adaptations suivantes :

1° La référence au préfet est remplacée par la référence au représentant de l'Etat.

2° La référence au département est remplacée par la référence à la collectivité départementale.

3° La référence à la direction générale de la concurrence, de la consommation et de la répression des fraudes est remplacée par la référence au service en charge de la concurrence et la référence au directeur général de la concurrence, de la consommation et de la répression des fraudes est remplacée par la référence au directeur du service en charge de la concurrence.

4° Le III de l'article 18 est complété par un alinéa rédigé comme suit :

« Le marché peut toutefois prévoir que les modalités d'actualisation du prix sont fixées par référence à un arrêté du représentant de l'Etat à Mayotte. »

5° Le IV de l'article 18 est complété par un alinéa rédigé comme suit :

« Le marché peut toutefois prévoir que les modalités de calcul de la révision du prix sont fixées par référence à un arrêté du représentant de l'Etat à Mayotte. »

6° Pour l'application du I de l'article 22 :

a) Le 3° est rédigé comme suit :

« 3° Lorsqu'il s'agit d'une commune de 7 500 habitants et plus, le maire ou son représentant, président, et quatre membres du conseil municipal élus en son sein à la représentation proportionnelle au plus fort reste ; »

b) Le 4° est rédigé comme suit :

« 4° Lorsqu'il s'agit d'une commune de moins de 7 500 habitants, le maire ou son représentant, président, et deux membres du conseil municipal élus en son sein à la représentation proportionnelle au plus fort reste ; »

7° Pour l'application du I de l'article 24, le *e* est rédigé comme suit :

« *e)* En outre, lorsqu'une qualification professionnelle est exigée des candidats pour participer à un concours, au moins un quart des membres du jury ont cette qualification ou une qualification équivalente. Ils sont désignés par le président du jury. »

8° Pour l'application du I de l'article 46, les 1° et 2° sont rédigés comme suit :

« 1° Les pièces prévues aux articles R. 312-4 ou R. 312-7 du code du travail applicable à Mayotte ; ces pièces sont à produire tous les six mois jusqu'à la fin de l'exécution du marché ;

« 2° Les attestations et certificats délivrés par les administrations et organismes compétents prouvant qu'il a satisfait à ses obligations fiscales et sociales.

« Un arrêté du représentant de l'Etat à Mayotte fixe la liste des administrations et organismes compétents ainsi que la liste des impôts et cotisations sociales pouvant donner lieu à délivrance du certificat. »

9° Pour l'application de l'article 55, les dispositions de la seconde phrase du dernier alinéa ne sont pas applicables.

10° Pour l'application de l'article 56, le III est rédigé comme suit :

« III. – 1° Le pouvoir adjudicateur indique dans l'avis d'appel public à la concurrence ou, pour les marchés négociés sans publicité préalable, dans la lettre de consultation le ou les modes de transmission des candidatures et des offres qu'il choisit. En l'absence de mention expresse relative au mode de transmission choisi, le pouvoir adjudicateur est réputé avoir retenu le seul mode de transmission sur support papier. Dans cette hypothèse, les candidatures et les offres transmises par voie électronique sont irrégulières et doivent être rejetées à ce titre.

« 2° A compter du 1er janvier 2014, le pouvoir adjudicateur sera tenu de recevoir les candidatures et les offres transmises par voie électronique et pourra imposer ce seul mode de transmission dans l'avis d'appel public à la concurrence ou, pour les marchés négociés sans publicité préalable, dans la lettre de consultation. »

11° L'article 98 est rédigé comme suit :

Article 98. – *Le délai global de paiement d'un marché public ne peut excéder 45 jours.*

Toutefois, cette limite est portée à :

a) 60 jours pour les communes et les établissements publics de coopération intercommunale ;

b) 50 jours pour les établissements publics de santé et les établissements du service de santé des armées.

Le dépassement du délai de paiement ouvre de plein droit et sans autre formalité, pour le titulaire du marché ou le sous-traitant, le bénéfice d'intérêts moratoires, à compter du jour suivant l'expiration du délai.

Un décret précise les modalités d'application du présent article à Mayotte.

Article 179

Les dispositions de l'article 178 s'appliquent aux marchés et accords-cadres passés par les entités adjudicatrices relevant de la deuxième partie du présent code.

Tableau de correspondance
Liste des textes modificatifs

TABLEAU DE CORRESPONDANCE

Entre les codes des marchés publics 2006 et 2004

OBJET	CMP 2006	CMP 2004
PREMIÈRE PARTIE **Dispositions applicables aux pouvoirs adjudicateurs**		
Champ d'application et principes fondamentaux		
Définitions marché public et accord-cadre	1er-I	1er-I
Principes	1er-II	1er-I
Définitions marché de travaux, fournitures et services	1er-III	1er-II
Définition pouvoir adjudicateur	2	2
Exclusions	3	3
– *in house*	3-1°	3-1°
– droit exclusif	3-2°	3-2°
– acquisition terrains	3-3°	3-3°
– programmes destinés à la diffusion et temps de diffusion	3-4°	3-4°
– services financiers	3-5°	3-5°
– programme R et D	3-6°	3-6°
– marchés secrets ou mesures particulières de sécurité	3-7°	3-7°
– contrats passés en vertu de la procédure propre à une organisation internationale	3-8°	3-8°
– stationnement de troupes	3-9°	3-9°
– réalisation ou exploitation projet en commun	3-10°	3-10°
– œuvres d'art	3-11°	3-11°
– services d'arbitrage et de conciliation	3-12°	30
– contrats d'emploi	3-13°	-
– mise à disposition ou exploitation de réseaux publics de communications	3-14°	-
– contrats qui cessent d'être soumis au code en application de l'article 140	3-15°	-
Secret défense	4	4
Dispositions générales		
Définition des besoins	5	5
Normes. – Spécifications techniques	6	6
Coordination	7	7
Groupement de commandes	8	8
Définition centrale d'achat	9	9
Allotissement	10	10
Forme écrite et acte d'engagement	11	11
Pièces constitutives	12	12
Cahier des charges	13	13
Clauses sociales et environnementales	14	14
Marchés réservés	15	54-IV
Durée du marché	16	15

OBJET	CMP 2006	CMP 2004
Prix du marché	17, 18 et 19	16, 17 et 18
Avenants	20	19
Passation		
Organes de l'achat : PRM	-	20
CAO Etat	21	21
CAO CT	22 et 23	22
Commission du dialogue compétitif	-	24
Jury de concours	24	25
Règles communes de fonctionnement	25	23
Présentation des seuils et des procédures :		
– présentation des procédures	26-I	26
– présentation des seuils	26-II	28-II
– possibilité de recours à la procédure adaptée	26-III	-
– marchés de travaux compris entre 210 000 et 5 270 000 €	26-IV	28-III
– marché passé sur la base d'un accord-cadre	26-V	-
– seuils applicables aux groupements de commandes	26-VI	-
– référence marchés sans formalités préalables CGCT	26-VII	28-V
Méthode de calcul de la valeur estimée des marchés, accord-cadres et SAD	27	27
Procédure adaptée	28	28-I
Marchés de services liste II A	29	29
Marchés de services liste II B	30	30
Décoration des constructions publiques	71	31
Centrale d'achat	31	32
Modalités de transmission des documents et des informations	32	-
Appel d'offres (définition)	33	33
Procédure négociée (définition)	34	34
Cas de recours aux marchés négociés	35	35
Marchés négociés après publicité préalable et mise en concurrence	35-I	35-I
– que des offres irrégulières ou inacceptables (inacceptables ou irrecevables)	35-I-1°	35-I-1°
– services lorsque la prestation est d'une nature telle que les spécifications de marché ne peuvent être établies avec une précision suffisante	35-I-2°	35-I-2°
– marchés de travaux conclus à des fins de recherche, d'essai et d'expérimentation	35-I-3°	35-I-3°
– nature ou aléas ne permettant pas la fixation préalable et globale des prix	35-I-4°	35-I-4°
– travaux compris entre 210 000 et 5 270 000 €	35-I-5°	35-I-5°
Marchés négociés sans publicité préalable mais avec mise en concurrence	-	35-II
– urgence impérieuse	-	35-II-1°
– fournitures à des fins de recherche, d'essai et d'expérimentation	-	35-II-2°

OBJET	CMP 2006	CMP 2004
Marchés négociés sans publicité préalable et sans mise en concurrence	35-II	35-III
– urgence impérieuse	35-II-1°	-
– fournitures à des fins de recherche, d'essai et d'expérimentation	35-II-2°	-
– aucune candidature aucune offre	35-II-3°	35-I-1°
– marchés complémentaires de fournitures	35-II-4°	35-III-1° *a*
– marchés complémentaires de services ou travaux	35-II-5°	35-III-1° *b*
– marchés de services ou travaux, prestations similaires	35-II-6°	35-III-2°
– marchés de services attribués à un ou plusieurs lauréats	35-II-7°	35-III-3°
– marché confié à un seul opérateur pour des raisons techniques, artistiques ou tenant à la protection des droits d'exclusivité	35-II-8°	35-III-4°
– achat de matières premières cotées et achetées en bourse	35-II-9°	-
– achat de fournitures à des conditions particulièrement avantageuses	35-II-10°	-
Dialogue compétitif (définition)	36	36
Conception, réalisation (définition)	37	37 et 11
Concours (définition)	38	38
Publicité. – Avis de préinformation	39	39
Publicité. – Avis d'appel public à la concurrence	40	40
Information des candidats	41	41
Règlement de la consultation	42	42
Interdictions de soumissionner	43	43 et 44
Interdictions de soumissionner, handicapés	-	44-1
Pièces à l'appui des candidatures	44 et 45	45-2°, 45-3° et 45-1°
Pièces demandées au candidat retenu	46	46
Conditions de résiliation en cas d'inexactitude	47	47
Présentation des offres et signature électronique	48-I	48
Part, intention de sous-traitance à des PME et définition PME	48-II	89
Echantillons	49	49
Variantes	50	50
Groupements d'opérateurs	51	51
Sélection des candidatures	52	52
Attribution des marchés. – Critères de choix des offres	53-I à III	53
Droit de préférence	53-IV	54
Enchères électroniques	54	56
Offres anormalement basses	55	55
Dématérialisation	56	56
Appel d'offres ouvert :		
– publicité, délais de réception des offres, transmission des dossiers par les candidats	57	57
– ouverture des plis, examen des candidatures, ouverture des enveloppes des offres, élimination des offres inappropriées, irrégulières et inacceptables	58	58

OBJET	CMP 2006	CMP 2004
– précision sur la teneur de l'offre, choix de l'offre économiquement la plus avantageuse, mise au point, infructuosité, sans suite	59	59
Appel d'offres restreint :		
– publicité, délais de réception des candidatures, transmission des dossiers par les candidats	60	60
– ouverture des candidatures, examen des candidatures	61	61
– lettre de consultation, délais de réception des offres, transmission des offres	62	62
– ouverture des offres, élimination des offres inappropriées, irrégulières et inacceptables	63	63
– précision sur la teneur de l'offre, choix de l'offre économiquement la plus avantageuse, mise au point, infructuosité, sans suite	64	64
Procédure négociée :		
– publicité, délai de réception des candidatures, transmission des dossiers par les candidats, liste des candidats admis à négocier	65	65
– lettre de consultation, transmission des offres, ouverture des offres, négociation, choix de l'offre économiquement la plus avantageuse, sans suite	66	66
Dialogue compétitif : déroulement de la procédure	67	67
Marché relatif à des opérations de communication	68	68
Conception, réalisation, déroulement de la procédure	69	69
Concours : déroulement de la procédure	70	70
Décoration des constructions publiques	71	31
Marchés à tranches conditionnelles	72	72
Marchés de définition	73	73
Marchés de maîtrise d'œuvre	74	74
Marchés réalisés dans le cadre de programmes expérimentaux	75	-
Accord-cadre	76-I à VII	-
Achat d'énergie non stockable	76-VIII	81
Marché à bons de commande	77	71
Système d'acquisition dynamique	78	-
Rapport de présentation	79	75
Information des candidats évincés	80	76
Notification	81	79
Transmission, contrôle de légalité	82	78
Motifs du rejet	83	77
Obligations statistiques	84	-
Avis d'attribution	85	80
Exécution		
Avances, acomptes, règlement partiel définitif, solde	86	86
Avance	87	-
Avance forfaitaire	-	87-I et II
Avance facultative	-	88 alinéas 1 à 6

OBJET	CMP 2006	CMP 2004
Remboursement de l'avance	88	87-III et IV, 88 alinéas 7 et 8
Constitution d'une garantie ou d'une caution pour remboursement de l'avance (collectivités territoriales)	89	105
Constitution d'une garantie à première demande lorsque le montant de l'avance est supérieur à 30 %	90	104
Acomptes	91	89
Règlement partiel définitif	92	90 et 91
Présentation des factures pour le titulaire de plusieurs lots	93	-
Régime des paiements quand marché avec clause de variation de prix	94	92
Régime des paiements en cas de résiliation	95	93
Interdiction de toute clause de paiement différé	96	94
Constatations des opérations effectuées	97	95
Délai global de paiement	98	96
Echelonnement dans le temps de l'exécution	99	97
Indemnité de résiliation	100	98
Retenue de garantie : montant	101	99
Remplacement de la retenue de garantie	102	100
Remboursement de la retenue de garantie	103	101
Autres garanties (en cas de résiliation du marché)	104	102
Autres garanties (déterminées par le cahier des charges)	105	103
Exemplaire unique ou certificat de cessibilité	106	106, alinéas 1 à 5
Notification au comptable	107	106, alinéas 6 à 8, et 107
Notification (art. L. 313-28 du code monétaire et financier)	108	106-II
Etat sommaire des prestations	109	108
Rappel des privilèges	-	109
Privilège (L. 143-6 pluviôse)	110	110
Intervention d'OSEO-BDMPE (ex CEPME)	111	111
Sous-traitance : principe de l'acceptation et de l'agrément	112	112
Sous-traitance : responsabilité du titulaire	113	113
Conditions de l'agrément	114	114
Dispositions qui s'appliquent aux sous-traitants	115	115
Paiement du sous-traitant	116	116
Cession ou nantissement par le sous-traitant	117	117
Exécution complémentaire (avenant et décision de poursuivre)	118	118
Contrôle		
MIEM	119 à 124	119 à 124
Contrôle du coût de revient	125	125 à 129
Autres contrôles (ministériels)	126	130
Dispositions diverses		
Comités consultatifs de règlement amiable des différends ou des litiges	127	131

OBJET	CMP 2006	CMP 2004
Arbitrage	128	132
CMPE	129	133
Commission technique des marchés	-	134
Observatoire économique de l'achat public	130	136
Recensement économique des marchés	131	137
Groupes d'études des marchés	132	135
Liste des marchés conclus	133	138
DEUXIÈME PARTIE **Dispositions applicables aux entités adjudicatrices**		
Champ d'application et principes fondamentaux		
Champ d'application	134	-
Liste des activités d'opérateurs de réseaux	135	82
Exclusions (communes aux pouvoirs adjudicateurs)	136	-
Exclusions (marchés)	137	83
Exclusion entreprise liée	138	-
Exclusions coentreprise	139	-
Sortie de la directive secteurs	140	-
Dispositions générales		
Dispositions générales de la 1re partie applicables aux entités adjudicatrices	141	-
Passation		
Dispositions relatives à la passation de la 1re partie applicables aux entités adjudicatrices	142	-
Commission d'appel d'offres (dérogation à l'article 25)	143	-
Présentation des seuils et des procédures :		
– présentation des procédures	144-I	84
– cas de recours à la procédure négociée sans mise en concurrence	144-II	-
– possibilité de recours à la procédure adaptée et seuils	144-III	28-IV
– marché passé sur la base d'un accord-cadre	144-IV	-
– référence marchés sans formalités préalables CGCT	144-V	-
Méthode de calcul de la valeur des seuils (dérogation à l'article 27)	145	-
Procédure adaptée	146	-
Procédure applicable aux marchés de services :		
– services II A	147	-
– services II B	148	-
Publicité : avis périodique indicatif	149	-
Publicité : avis d'appel public à la concurrence	150	-
Mentions de l'avis périodique indicatif utilisé comme avis d'appel public à la concurrence	151	-
Système de qualification :		
– critères de qualification	152	-
– égalité de traitement	153	-

OBJET	CMP 2006	CMP 2004
– information des opérateurs économiques	154	-
– relevé des opérateurs qualifiés	155	-
Sélection des candidatures (dérogation à l'article 52)	156	-
Variantes (dérogation à l'article 50)	157	-
Enchères électroniques (dérogation à l'article 54)	158	-
Sélection des offres : offres contenant des produits originaires de pays tiers	159	-
Appel d'offres ouvert :		
– publicité et délais de réception des candidatures	160	-
– dérogation aux articles 58 et 59	161	
Appel d'offres restreint :		
– dérogation à l'article 60	162	-
– contenu de la lettre de consultation, délai de réception des offres	163	-
– dérogation aux articles 63 et 64	164	-
Procédure négociée :		
– dérogation à l'article 65	165	-
– contenu de la lettre de consultation, délai de réception des offres	166	-
Concours (dérogation à l'article 70)	167	-
Marché de maîtrise d'œuvre	168	-
Accords-cadres et marchés à bons de commande	169	-
Rapport de présentation (dérogation à l'article 79)	170	-
Notification (dérogation à l'article 81)	171	-
Avis d'attribution	172	-
Exécution		
Dispositions de la 1re partie relatives à l'exécution applicables aux entités adjudicatrices	173	-
Contrôle		
Dispositions de la 1re partie relatives au contrôle applicables aux entités adjudicatrices	174	-
Dispositions diverses		
Dispositions diverses de la 1re partie applicables aux entités adjudicatrices	175	-
TROISIÈME PARTIE **Dispositions diverses**		
Marchés concernant plusieurs activités	176	-
Saint-Pierre-et-Miquelon	177	-

LISTE DES TEXTES MODIFICATIFS

TEXTES MODIFICATIFS	ARTICLES DU CODE
Décret n° 2007-1850 du 26 décembre 2007 :	
Art. 1er-1°	26
Art. 1er-2°	27
Art. 1er-3°	30
Art. 1er-4°	35
Art. 1er-5°	36
Art. 1er-6°	39
Art. 1er-7°	40
Art. 1er-8°	57
Art. 1er-9°	60
Art. 1er-10°	62
Art. 1er-11°	65
Art. 1er-12°	79
Art. 1er-13°	85
Art. 1er-14°	144
Art. 1er-15°	148
Art. 1er-16°	149
Art. 1er-17°	150
Art. 1er-18°	160
Art. 1er-19°	170
Art. 1er-20°	172
Décret n° 2008-206 du 29 février 2008 :	
Art. 1er	7
Art. 2	102
Décret n° 2008-407 du 28 avril 2008 :	
Art. 1er	98
Décret n° 2008-585 du 19 juin 2008 :	
Art. 1er	Création Quatrième partie, 177 à 179
Décret n° 2008-1334 du 17 décembre 2008 :	
Art. 50	6
Art. 51	11
Art. 52	15
Art. 53	29
Art. 54-I	30
Art. 54-II	148
Art. 55	35
Art. 56	36
Art. 57-I	40
Art. 57-II	150
Art. 57-III	40 et 150
Art. 58	41
Art. 59	45
Art. 60-I	46 et 47

TEXTES MODIFICATIFS	ARTICLES DU CODE
Art. 60-II	46
Art. 61	48
Art. 62	51
Art. 63	53
Art. 64	56
Art. 65	67
Art. 66-I	76
Art. 66-II	77
Art. 67	80
Art. 68	83
Art. 69	106
Art. 70	110
Art. 71	125
Art. 72	144
Décret n°2008-1355 du 19 décembre 2008 :	
Art. 1er	26
Art. 2	27
Art. 3	35
Art. 4	36
Art. 5	57
Art. 6	60
Art. 7	62
Art. 8	65
Art. 9	79
Art. 10	85
Art. 11	144
Art. 12	160
Art. 13	172
Art. 14	8
Art. 15-I	Intitulés chapitre Ier du titre III, première partie et section 1 du chapitre Ier, titre III, première partie
Art. 15-II-1°	Sous-section 1 de la section 1, chapitre Ier, titre III, première partie
Art. 15-II-2°	Sous-section 2 de la section 1, chapitre Ier, titre III, première partie
Art. 16	22
Art. 17	23
Art. 18	24
Art. 19	25
Art. 20	30
Art. 21	58
Art. 22	59 et 64
Art. 23	61
Art. 24	63
Art. 25	66

TEXTES MODIFICATIFS	ARTICLES DU CODE
Art. 26	67
Art. 27	73
Art. 28	74
Art. 29	78
Art. 30	148
Art. 31	168
Art. 33	98
Art. 34	18
Art. 35	20
Art. 36	28
Art. 37	57
Art. 38	69
Art. 39	129
Art. 40	145
Art. 41	166
Art. 42	Création section 6 du chapitre VII, titre III, deuxième partie
Décret n° 2008-1356 du 19 décembre 2008 :	
Art. 1er	11, 28, 40, 81, 146 et 150

Direction des Journaux officiels, 26, rue Desaix, 75727 PARIS CEDEX 15.
Edition : décembre 2008.
Dépôt légal : janvier 2009.